U0947908

外贸新手入门必读丛书

外贸新手必读手册

李光亮◎编著

中国财富出版社

图书在版编目（CIP）数据

外贸新手必读手册/李光亮编著．—北京：中国财富出版社，2013.12
（外贸新手入门必读丛书）
ISBN 978－7－5047－4968－0

Ⅰ．①外…　Ⅱ．①李…　Ⅲ．①对外贸易－手册　Ⅳ．①F75－62

中国版本图书馆 CIP 数据核字（2013）第 292817 号

策划编辑	范虹轶	**责任印制**	方朋远
责任编辑	陈　莎	**责任校对**	饶莉莉

出版发行	中国财富出版社（原中国物资出版社）		
社　　址	北京市丰台区南四环西路 188 号 5 区 20 楼　**邮政编码**　100070		
电　　话	010－52227568（发行部）		010－52227588 转 307（总编室）
	010－68589540（读者服务部）		010－52227588 转 305（质检部）
网　　址	http：//www. cfpress. com. cn		
经　　销	新华书店		
印　　刷	三河市西华印务有限公司		
书　　号	ISBN 978－7－5047－4968－0/F·2045		
开　　本	710mm×1000mm　1/16	**版　　次**	2013 年 12 月第 1 版
印　　张	19	**印　　次**	2013 年 12 月第 1 次印刷
字　　数	272 千字	**定　　价**	38.00 元

本书编委会

主　编　张志军

副主编　吴　强　鲁　蒂

编　委　张　萍　王振伟　闫　博　李忠良

赵　静　李绍玲　吴　九　宁　敏

杜延起　张志勇　刘　芳　邓顺来

黎金芳　陈　烨　徐海涛　李智燕

钱雨竹　杜　君　杨国辉

Preface 序言

21 世纪的世界是开放的、互通的，在这个大环境下，没有一个国家闭关锁国，相反，要想取得经济快速发展就必须发展外贸。随着中国企业走向国际市场的步伐加快，越来越多的中小民营企业开始“招兵买马”，开拓国外市场。尽管 2008 年的金融危机对世界贸易造成了些许影响，但从长远角度来看，发展国际贸易仍然是许多企业的最佳贸易选择之一。

优秀的外贸专业人才自然成了外贸型企业最为需要的人才。这也使得很多人都想在我国对外经济高速发展的浪潮中成为一名弄潮儿。但要做好外贸工作，仅凭热情和想法是不够的，还需要有扎实的基础知识、恰当的工作方法等各个方面的综合知识和技能。

《外贸新手必读手册》是外贸新手入行不得不看的经验之谈，因为外贸新手在刚工作时免不了出错，让老员工甚至老板不耐烦，聪明的外贸新手懂得在工作之前先搞好人际关系，多向老员工请教以免犯了不该犯的错，但也有很多外贸新手不擅长人际交往，工作中不得要领。

鉴于此，我们特编写本书，引领有志于从事外贸工作的新手成功走进外贸领域，同时，帮助外贸领域的新手更快、更好地完成外贸工作。本书作为一本完备的外贸实用工具宝典，介绍了多种切实可行、行之有效的外贸技巧和方法，思路清晰、内容丰富，可以说为外贸新手在外贸行进路上点燃了一盏明灯。除此之外，本书还具有以下两大特点。

一是内容广。书中全面系统地阐述了对外贸易中所涉及的各部分内容，从新手入门，到外贸基础知识，再到外贸实践、外贸英语以及外贸礼仪等方方面面都给予了全面的讲述，使初学者能够全面认识和掌握外贸知识。

二是易上手。本书抛开传统的说教式讲述，以轻松的口吻，从新手最易理解和操作的角度入手，让外贸新手迅速与自己的外贸实践相结合，并将书中的知识和方法成功运用到实践中去，让外贸新手少走弯路。同时，本书还列出了外贸领域的诸多信息，不但有传统的外贸资料可供参考，更有新鲜、权威的信息资源可供外贸新手所用，如各家外贸网站。

本书既可以作为大学外贸相关专业学生的辅导用书，也可以作为缺少外贸知识又希望或正在从事外贸工作的人提高自己业务水平的指导用书。

由于我国出口企业的从业人员要远远多于进口企业的从业人员，因此，本书也主要是从出口商的角度来讲述相关的外贸知识，而进口知识则只进行了简要概括。希望它能够为想要涉足外贸领域或刚刚进入外贸领域的新手展现更为广阔的资源空间，帮助新手们更科学地应对难题、弱化风险，早日走在行业前列，成为佼佼者。

作　者

于北京对外经贸大学

2013 年 6 月 18 日

Contents 目录

新手必读1
外贸新手必懂的那点事

在大学里，外贸可是非常热门的专业；在工作中，外贸人才同样相当抢手。那么，你一定也想在我国对外经济高速发展的浪潮中成为一名外贸领域的弄潮儿吧。可是，在外贸行业你能做什么呢？应该具备哪些基本知识呢？进入这一行又必须要了解什么呢？要想弄明白这些基本的外贸行业知识，就从现在开始吧。

第1节　外贸工作初了解

与外贸相关的职业

外贸工作其实范围非常广泛，与之相关的职业也有很多种，比如：

（1）外贸业务员。是指通常负责在对外贸易经营中的客户开发、市场拓展、客户维护等的销售人员。

（2）外贸跟单员。是指在进出口业务中，贸易合同签订之后，需要专门的人员依据合同约定以及相关单证对货物在加工、装运、保险、报检、保管、结汇等环节进行跟踪和操作，来协助履行贸易合同的人员。

（3）外贸单证员。是指在对外贸易结算业务中，买卖双方依据在进出口业务中的单据、证书来处理货物的交付、运输、保险、商检、结汇等工作的人员。其主要工作有审证、制单、审单、交单、归档等业务活动。外贸单证员还可进一步分为制单员和审单员，前者负责缮制一切出口所需的单证（包括发票、装箱单、重量单、汇票、产地证等），后者负责审核制单员缮制的单证，以及船公司出具的提单、商检公司出具的检验报告、保险公司出具的保单等，除此，还要按照信用证要求，做到单单一致、单证一致，然后交银行结汇。

（4）工厂船务文员。是指负责同生产车间、业务部门、货代、报关行等联系、跟踪货物的出货、验货情况，向货代订舱，安排运输、报关，整理单证，核对提单，并向货代、报关行传递资料或文件的人员。

（5）报关员。是指经海关注册，代表所属企业向海关办理进出口货物报关纳税等事宜的人员。其主要工作包括：判断货物需要何种手续并准备相关文件，按照要求制作报关单等并向海关申报，此外，还需配合海关检查、缴纳相关税费等。

（6）报检员。是指获得国家质量监督检验检疫总局规定的资格，在国家质检总局设在各地的出入境检验检疫机构注册，办理出入境检验检疫报检业务的人员。报检员可分为自理报检员和代理报检员两种，前者多在一些自立报检单位工作，如有进出口经营权的国内企业、出口货物的生产企业、中外合资企业、中外合作企业、外商独资企业，以及进出境动植物产品的生产、加工、储存、运输单位，有进出境交换业务的科研单位和其他需要报检的单位等；后者则一般在报关行、货代公司和大型的外贸公司就职。

（7）货代业务员。其主要工作是向进出口厂商或货代公司同行揽货。也有些货代被细分为业务和市场。业务负责开发直客，也就是出口厂商或外贸公司，市场则主要负责收集并整理同行的报价等资料，制定本公司的报价表，接受同行的询价以及订舱。

（8）货代操作员。是指专门负责与出口方沟通联系的人员。其主要工作是接受客户订舱、向船公司申请舱位、放 S/O 给客户、安排拖车、报关、跟进提单情况、跟进货物、货物进口后处理转 D/O 事宜等。

（9）货代单证员。是指负责录入提单信息、核对提单、传输 AMS 舱单信息、处理其他货运单证、寄提单给客户等工作的人员。

（10）船公司工作人员。包括业务员、操作员以及单证员等。

外贸工作的种类

虽然与外贸工作相关的职业可以划分为很多种类，但由于行业、公

司、部门、客户的不同，外贸中具体处理的事情也会有所差异。但大体上可以归纳为以下内容：

（1）寻找客户，与有意向的客户进行沟通。

（2）向客户报价，其中涉及成本的计算、退税的核算以及运费、利润等多方面的内容。

（3）给客户寄发样品或通过其他方式使客户确认产品，如请客户验厂并验看产品。

（4）客户正式向工厂下订单，工厂则需要开始做生产前的准备工作，如联系原材料供应商等。

（5）工厂在收到客户的预付款或是开立的信用证后，按照客户的要求安排生产，但在大量生产之前应先让客户确认。

（6）产品生产期间，需联系好货代、拖车行、报关行等，并向货代订舱，同拖车行商讨工厂到港口这段距离的运输问题，同报关行商讨报关事宜。事实上，很多货代可以全权负责此事，所以也可以找一家货代负责处理。

（7）如果是找外贸公司代理出口，还需要联系外贸公司。

（8）制作装箱单、发票等单据。

（9）完成生产并通知客户，同时，还要安排货物的托运、报关等事宜。

（10）向货代提供提单补料，并核对提单草稿。如果发现有误，需请货代向船公司提出修改提单的要求。

（11）向货代付款提单，如果是在“一部分预付款，一部分见提单COPY件付款的TT付款”的方式下，还需要向客户催款，并在收到货款后向客户寄提单。

（12）若采用信用证付款，在取得提单后要连同其他单据向开证行交单，在银行审核后付款。

（13）取货人取得提单并提取货物。

（14）跟进守候，了解货物的销售状况，同时跟进下一个订单。

（15）向外管局和税务局办理核销退税手续。

上面所述的外贸工作主要是以工厂的业务员、跟单员的工作为例进行的讲解，在实际的外贸工作多少会有所差异。

第2节　外贸进出口操作流程

随着中国加入世界贸易组织，我国中小型民营企业都可以自主地开展进出口贸易。但企业开展进出口贸易，必须办理对外贸易经营者备案登记以及到后续部门办理有关证照的申办、变更手续，才能合法取得进出口经营权，开展自营进出口业务。那么，作为一个外贸新手，你懂得外贸进出口的操作流程吗？

外贸进口的步骤

外贸进口流程大致可以归结为以下6个步骤：

（1）通知人收到船公司的到货通知并告知收货人。

（2）收货人按照约定的付款方式进行付款，并授其全套进口单据。

（3）收货人凭带有背书的正本提单去船公司或船代付清相关费用，来换取提货单（D/O）。

（4）准备好报关的相关资料。

（5）海关查验放行。

（6）货代或是收货人凭提货单去船代指定的场站提货。

但在外贸进口的过程中，又有几种不同的情况，下面以图例形式一一

讲解。

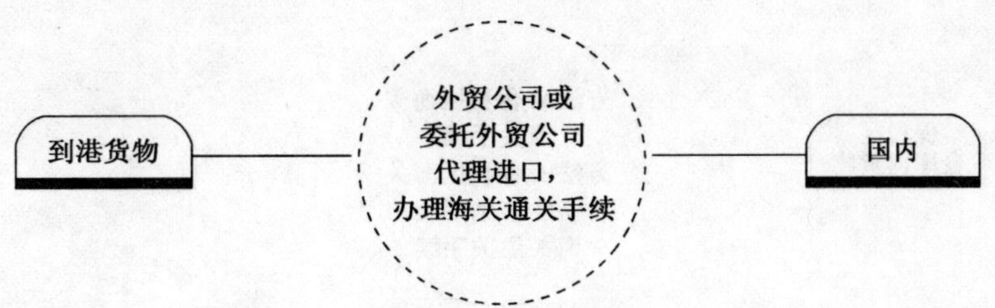

图1 一般情况下从国外进口到国内

备注：

（1）外贸公司是指经国家经贸部或省、市级经贸委批准其有进出口商品经营和代理权的企业。

（2）所需通关单据包括：进口合同、进口发票、装箱单、海运提单、提货单（正本海运提单、背书、传真空运单据换取）、各种进口许可证（根据海关商品编号上的规定）。

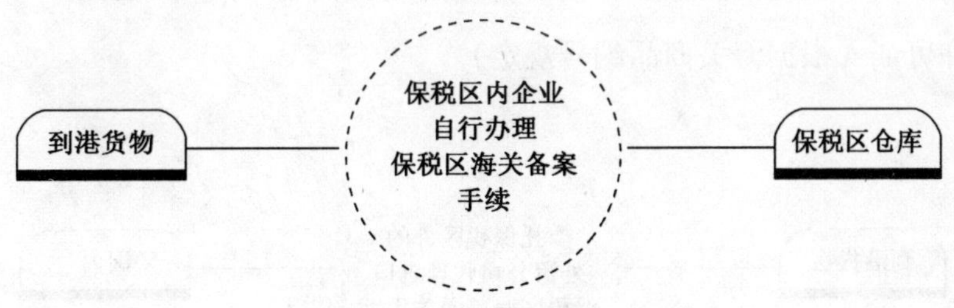

图2 从国外视同进口到保税区

备注：

（1）海关备案是指进口商将进口的货物如实向海关申报，而无须加税和进口许可证。备案进区后的货物呈保税状态。

（2）海关备案所需提供的单据包括：进口合同（如国外卖方是本公司系统可免去）、进口发票、装箱单、提货单（正本海运提单、背书、空运提单换取)、海运及空运提单、保税仓储进库登记簿。

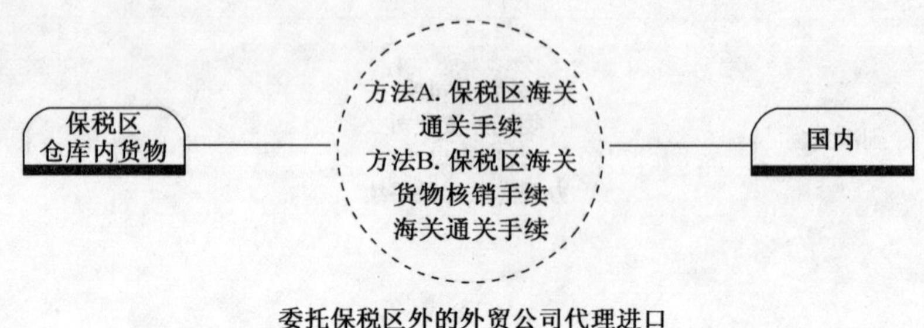

图3　从保税区进口到国内

备注:

(1) 方法B是指在保税区内投资经营自身产品，且经保税区海关核准，按月、季等核销期限的仓库和生产性企业，进口时可办理的方法，具有货物可先实现国内销售，后报关付税、付证的特点。

(2) 通关和核销单据包括: 进口合同(保税区内企业和外贸公司的)、进口发票(保税区内企业和外贸公司的)、装箱单、出库单(正本)、各种进口许可证(根据海关商品编号规定)。

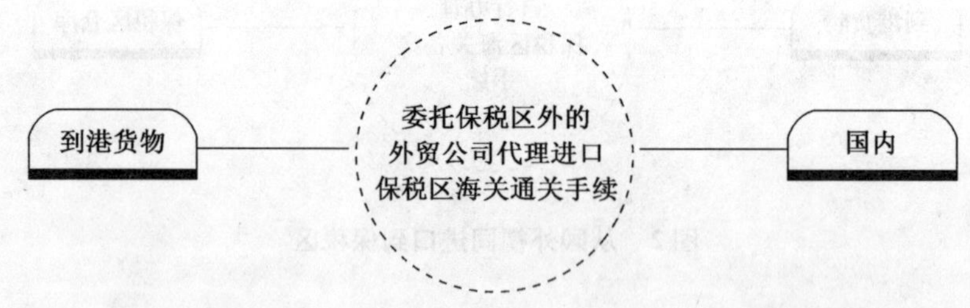

图4　从国外通过保税区海关(一次性)进口到国内

备注:

(1) 这种方式是保税区内企业为了保证自己独立对海外经商的进口通关方法。

(2) 通关单据包括：装箱单、提货单（正本海运提单、背书、空运提单换取)、海运及空运提单、进口合同（保税区内企业与外贸公司)、进口发票（保税区内企业与外贸公司)、各种进口许可证（根据海关商品编号规定)。

必知的外贸出口流程

外贸出口流程主要包括：报价→订货→付款方式→备货→包装→报检→报关→装船→提单→交单→结汇，亦可以简单概括为“约→货→款→运→单”。与国内贸易相比，更强调“单”，即运输单据，比如发票、装箱单和提单等，这是由国际贸易的政策、运输、货币等特殊性决定的。下面就外贸出口流程中的某些细节进行详细的解释。

一、报盘

国际贸易一般由询盘、报盘开始，也即通俗意义上所说的“询价、报价”，但实际需要双方磋商的内容很多，包括：产品量的标准等级、质量等级、规格型号、技术参数、包装方式、交货期、运输方式等，然后是价格。

报价时常采用三种贸易术语：FOB“船上交货”、CNF“成本加运费”、CIF“成本、保险费加运费”。一份专业的报价中，价格术语为其核心部分之一。选择以 FOB 价成交，在运费波动不稳的市场条件下对自己有利，而在进口商与承运人联系派船时，由于货物一旦装船，出口商对货物的控制力小，加上延时等因素，则可能会造成某些损失。再比如：在 CIF 价出口的条件下，对自己来说，船货衔接问题可以得到解决，并使得出口商自己有了更多的控货权、灵活性和机动性，且在运输和保险上还能赚点差价。但现实情况是，有些大的进口商，常常以自己可以在运输、保险方面得到优惠为条件要求出口商以FOB价成交，这样就削弱了出口商对货物的控制权。所以有时即便出口商提供相当优惠的条件，却难以改变价格条件。到底是迎合买家，还是坚持自己，则需要出口商在报价时多加斟酌。

可见，作为一名业务人员，若只懂外贸或仅通单证、航运，则可能会挂一漏万，还必须能够利用各种贸易术语扬长避短。总的来说，需要业务人员做好以下三点：第一，选择合适的术语；第二，了解价格组成的结构；第三，掌握报价空间与层次性策略。

二、接单（签约）

双方就报价达成一致后，通常会签订《购货合同》（Sales Contract），并在合同中约定商品的名称、规格、型号、数量、价格、包装、产地、装运期、目的港、付款方式、索赔、仲裁等内容。通常《购货合同》的签订往往标志着出口业务的正式开始。但这种正式的做法一般只在与大、中型国外采购商进行外贸往来时使用，原因是随着国际贸易的发展，双方在这一环节上都力图灵活和效率，所以一个新客户可以仅仅通过E－mail、Fax、MSN发送正式订单或甚至只是语句性的描述就可以下发订单，只要你确认了“合同”就成立了，并且一样符合《合同法》的规定。但为了起码的安全保障，也为了双方后续的沟通和操作，在尚未与客户签订正式《购货合同》的情况下，不少公司都会给客户开具《形式发票》（Preform Invoice），写清货物的型号、规格、数量、价格、包装、装运期、目的港口、付款方式等内容。

三、付款方式

目前，最常用的国际付款方式有LC和TT两种。

1. LC

LC付款方式是目前国际上最常用的付款方式之一，又可分为光票信用

证和跟单信用证两类，其中最常用的是跟单信用证，即附有指定单据的信用证。可以说，信用证是保证出口商收回货款的保证文件，它是银行信用。至于选择远期还是即期信用证，要根据具体情况而定，比如：如果做即期，同时对开证行信用有担心，那么最好要求客户安排保兑，这样就可以做到“双保险”；如果做远期，银行都提供贴现的融资业务，但要收取一定的贴现率，目前一个月约是信用证金额的0.5%（如LC90Days则为1.5%），一定要在合同中与客户协商好，需由客户承担。

2. TT

TT是一种以外汇现金方式结算的付款方式，由客户将款项汇至公司指定的外汇银行账号内。这种付款方式又有前TT、后TT之分，“前、后”是相对于排产或船期来讲的。

需要注意的是，如果对新客户采取LC远期或不保兑的即期，或者说对老客户采取远期D/P、D/A甚至OA等方式，可以投“出口信用保险”，这样既可以规避收汇风险，又可以留住生意甚至扩大生意。

四、备货及包装

在整个贸易流程中，备货具有举足轻重的作用，技术、品质、数量和交货期等都必须按照合同逐一落实，特别是在LC付款条件下，交货期更为重要。业务员须在整个过程中密切关注并做好协调，尤其对生产和品质较弱的企业。

在包装上，很多企业并不重视，但不管民用、商用还是工用产品，包装都是产品的重要组成部分之一，一定要在保护性、唛头标志上做到合格和专业。

五、报检

属法定检验的出口商品，必须办理出口商品检验证书之后才能进行报关、装船等下一步操作。目前我国进出口商品检验工作主要有报检、接受报检、抽检、发证四个环节。但也有一些客户要求提供第三方检验机构的检验证书或自己派验货员检验，对此业务员需要及时联络、送检（或接检）和取得证书。因为在LC付款方式下，此检验证书也是需要提交的重要单据之一。

六、报关

须由专业持有报关证人员，持箱单、发票、报关委托书、出口结汇核销单、出口货物合同副本、出口商品检验证书等文本去海关办理通关手续。但是，很多公司目前都是委托货代来做报关，目的是提高效率并做得专业。

七、装船

无论是做FOB还是CIF，出口商都要积极与货代联系订舱，越早越好，通常需要在开船前两周向货代订舱，写明：收发货人及通知人的名称和地址；起运港和目的港、最终目的地；船期货准备好的时间；柜型、柜量；品名；贸易术语，以便让货代选择价格优惠、信誉好、船期、航程合适的船公司。

另外，还有几点需要了解：

（1）在货物生产完毕后，收货人会安排验货人员验货。验货时间要尽可能早一些，以免延误装货时间。

（2）属于法定检验的出口商品，需要提前向检验检疫局办理商检（最好在办理货物装船前十天检验完毕），并领取出口商品检验证书。

（3）船公司在确认有舱位后会发放S/O（Shipping Order）给货代。

（4）发货人收到S/O后会根据出货情况和S/O上面的开仓、截关等时间指示拖车公司提柜（即运输车队派车到堆场提取空的集装箱，在外贸业务中常将集装箱称为货柜）。

（5）提柜后，拖车公司会派车拉吉柜（即空柜）去工厂装货，即做柜。装完柜子，打上封条，拉回码头堆场（也有人将其叫做还场）。重柜回到堆场，进闸口后，码头会再给一个场站收据，即尾纸或重柜纸、入闸纸，它是报关所需的文件之一。

（6）拖柜的同时需将报关所需要的资料交给合作报关行，委托出口报关。需要注意的是，在委托报关时，应将出货资料（如货物及数量、柜型等）连同 S/O 以及还柜后收到的场站收据一同交给报关行报关。

（7）海关查验。海关查验的内容主要包括货物的品名、重量、数量等是否与申报的相符。不过海关查验并不是必要项目，通常会根据一定的比例抽查。但截关当日（码头停止收重柜的日期）报关被查柜的概率相对较大，如果因为查柜耽误了时间，就只能等下一班船了，所以还柜要早些。

通过海关查验、放行，然后就可以等候装船了。

八、提供补料

由于订舱时 Booking 上面只是一个大概，因此要确认最后提单上的详细内容就须提供完整的补料，也就是要向船公司提供提单上要求提供的各项内容。提醒一点：出口美国的货物要在船开前的 72 小时将补料资料交给船公司，出口其他国家的补料可在船开后再提交给船公司。但如果补料提供错误，每修改一次都会产生一笔改单费。

在补料完成后，请货代督促船公司尽快出提单样本以及费用账单。提单样本核对无误后向船公司书面确认提单内容，并要求船公司出正本。船公司在收到提单核对无误的通知后，通常会将费用账单发给发货人，以便发货人依此安排付款领取提单。费用账单一般包括码头处理费和文件费等，若是预付运费的还包含海运费等。账单核对无误后即可安排付款领取提单。

九、交单结汇

交单结汇前需要准备好单证，主要是在开船日前准备好发票、装箱单、一般原产地证、Form A 原产地证书等；在开船后的 3 天之内，要把装船通知发给客人；装船通知上需列明发货细节，如船名、航次、开船日、预计抵港日，以及货物的名称、数量、金额、包装件数、唛头、目的港代理人等。

单证准备好后即可进行交单。如果是采用 LC 收汇，应在规定的交单时间内备齐全部单证，并严格审单，确保无误后交给银行议付；如果是采用 TT 收汇，在取得提单后要马上传真提单给客人付款，确认收到余款后再将提单正本以及其他单据寄给客人。之后还需进行核销退税，也就是在收到货款后向外汇管理局进行出口收汇核销，再到税务局申报出口退税，以取得退税等优惠。

以上所述是出口流程的大概过程，由于地域不同，或是出口商自身条件的差异，或者由于柜货和散货等的差别，在出口流程方面也会不可避免地存在着一些细小差别，外贸工作人员需要根据实际情况作出相应的应对。

第 3 节　进出口权与买单出口

什么是进出口权

所谓进出口权是指拥有进出口权的企业依法自主地从事进出口业务的权利。在对外贸易中，只有具有进出口权的企业才能经营进出口业务，而没有进出口权的企业则不能经营或者只能找有进出口权的公司代理进出口

业务。目前，国家对企业申请进出口权的政策已经放开，对于注册资金及年出口额都没有限制，只要企业具有合法的营业执照就可申请，包括民营企业及个体工商户在内都可以申请。

进出口权的申请程序

申请进出口权会涉及商务局、海关、工商、税务、检验检疫局、电子口岸、外汇管理局等多个部门。因此，需要掌握其程序以便提高效率。一般来说，进出口权的申请程序大致如下：

（1）到商务局办理对外贸易经营者备案登记；

（2）到工商税务局办理经营范围变更；

（3）到海关办理报关单位注册登记证书；

（4）到外汇管理局办理境内机构经常项目外汇账户开立和进口出口收汇核销登记；

（5）到银行开立外汇账户；

（6）到电子口岸办理中国电子口岸登记；

（7）拿电子口岸身份识别卡和电子口岸 IC 卡到出入境检验检疫局办理注册备案登记；

（8）到当地国税局办理出口退税登记。

另外，需要注意的是，进出口权申请不仅需要掌握其程序，还要准备好以下资料：营业执照复印件、组织机构代码证复印件、国地税正副本复印件、法定代表人身份证复印件、银行开户核准通知书复印件、财务人员身份证复印件等。

没有进出口权的企业如何开展外贸业务

虽然现在国家对企业申请进出口权的政策已经相当放开，但目前我国仍然有不少企业没有进出口权。按照规定，没有进出口权的企业是不能开展进出口业务的。但实际上，很多没有进出口权的企业同样也在进行着外贸业务，这是怎么回事呢？他们是如何开展外贸业务的呢？总结起来，共有三种方式。

（1）企业自己不找国外客户，而是通过外贸公司并由外贸公司负责寻找客户、接国外订单，而企业则只需要做好生产、订舱、陆运等工作即可。这种方法实际上类似于国内贸易（因为企业只与外贸公司联系，而不直接与国外客户联系），工厂利润有限，但具有节省人力成本、无须外贸专业人才即可操作的优点。

（2）企业自己寻找客户、接国外订单，然后找代理公司（如外贸公司）帮忙出口，并代其报关、核销等，但由于没有进出口权，所以企业不能把自己的账户给客户，而只能通过其代理公司代收货款，否则不能核销。这种方法可以退税，但要支付给代理公司佣金，并且要代垫款项，资金周转时间长，操作复杂，且有流失客户资源的风险。

（3）买单出口。买单出口，简称买单，即没有出口权的企业向有出口权的企业购买一套合法的出口报关单据来向海关申报出口的方式。买单主要是指买核销单，企业既可以直接向有出口权的单位买单，也可以通过报关行或货代买单，实际操作中企业多会选择后者。此外，买单公司也无须进行核销，因为卖单公司会自行处理核销事宜。这种方法实际上是借用他人公司名义出口，因此不能退税，且不为法律和政策所提倡。但其操作方便、简单易行，有助于树立企业的形象，因此在对外贸易中广泛存在。

买单出口的流程

买单出口的流程大致如下：

（1）如果是散货，须算好货物的毛重和体积。如果是柜货，须确定柜型和柜量。

（2）找几家正规货代分别向他们询问海运价格和各项所需的费用，货比三家找出价格最优、服务最好且公司实力雄厚并信誉良好的货代。

（3）填制 Booking Sheet。由货代提供连同制作好的装箱单和发票一起发给货代。

（4）工厂安排出货。

（5）货代安排报关等事宜。

虽然买单出口在对外贸易中广泛存在，而且我国目前也没有对其作出相关的硬性规定，但还是建议出口企业能够申请进出口权，从而进行正当合法的进出口贸易。这既是对良好经济秩序的维护，也使自己的权益得到更进一步的保障。

第4节 选择适合的货代很关键

海上货物运输是国际运输的主要方式，国际贸易中约有90%的货物是以海上运输方式承运的。海上货物运输不但包括流程和一系列单证手续办理等内容，而且涉及与运输法律有关系的当事方，货运代理便是其中一方。就货代而言，重要的是能够辨别有关航运所需的各种手续，以提供给货主良好的航运服务。作为货主，适当选择货运代理，意味着选择了熟知航运业务的适当海运人和适合贸易合同的运输方式，从而能有效地履行贸易合同约定的法律义务，保护自己作为货主的权益。

货代选择是什么

国际货物运输，可以用空运和海运。空运费用很低，而且交接简单，时间也很短，货物交给运输公司，很快就直接到客户手中了，没有特别的操作过程。此外，利用国际快递，如著名的 DHL、UPS、TNT 等也可以交付外贸产品（假如数量不大的话）。国际快递费用更为高昂，但却非常省事，你无须自己去办理商检、海关等事宜，这对个人小额外贸是很方便的。

但是对于常见的正规的外贸，绝大多数时候采用的是相对廉价的集装箱远洋海运的方式。你可以租用一个集装箱，行话叫做整柜（Full Container Loading，FCL，集装箱也可称为货柜）；也可根据货物量的多少租用部分集装箱，行话叫做拼柜。

承担集装箱远洋运输业务的公司有两类：船公司和货运代理公司（简称货代）。两者的区别在于，船公司自己有远洋货轮，而货代没有。不妨把船公司看成“批发商”，商品就是远洋货轮的舱位；而货代就是“零售商”，从船公司那里以较低的价格批发若干个舱位转售给需要运输的“消费者”——外贸商。或者反过来，从各个外贸商那里揽下舱位需求，再到船公司那里总订舱。作为“消费者”的外贸商，固然可以直接找一些船公司订购舱位（简称订舱），但不难理解，绝大多数时候我们是跟货代打交道。毕竟作为舱位“零售商”的货代，数量多，联系方便，操作灵活，说实话也更热情一些。所以，在本章我们更多地讲述与货代间的协作。

如何进行货代选择

如果是在 FOB 条件下，由客户安排运输，出口商届时与客户指定的货代联系即可。如果是在 CNF/CIF 的条件下，在与客户达成交易前，必须先确定交货目的港。根据目的港，向货代询价——当然，你也可以货比三家，择优合作。货代报出的运费就是出口商核算 CNF/CIF 价格的重要参数之一。

需要注意的是，考虑到从报价到成交，再到备货出货，中间尚有相当长一段时间，而海运费是常常波动的，有时幅度甚至高达一两百美元一个集装箱。所以你询价的时候，可以预计交货时间，请货代提供价格变动方面的参考意见。即便这样，很多货代也只能较为准确地报出一个月幅度内的运费，出口商还是要给自己留些余地的。上面所提到的寻找货代时的“择优”，绝不仅仅指价格。事实上，很多时候货代的服务质量比那么十几美元的差价要重要得多。

货代并不是全世界港口包打天下的。根据其上一级合作方不同，各有专长优势。海运航线一般按照地域划分，有北美线、南美线、澳洲新西兰线、日韩线、印度和东南亚线、中东线、地中海线、欧洲线等。我们不妨多方询问比较，为不同的市场航线选择各自货代。每条航线上的港口还有基本港（大型的主要港口）和非基本港之分。基本港设施好，航次多，运费便宜，而非基本港容易拥堵，航次少，运费反而更贵。例如欧洲的鹿特丹、汉堡都是著名的欧洲基本港（行话简称欧基港，European Main Port，EMP）。

确定大致的出运期后，就可以向货代订舱了。根据货物名称、数量、体积、重量、目的港等填写订舱单，或者直接发给货代。如果是整柜，货代会协调安排调柜、集装箱拖车和装柜时间；如果是拼柜，货代会提供

“进仓单”，通知出口商在约定的时限之前把货物送至指定仓库。船运要注意时限的要求。比如预计9月10日开船的，往往会提前两三天也就是8日左右作为“截关期”，即货物必须在截关期前完成报关事宜，否则无法放行装船。

拼柜货物或装箱交付给货代后，由货代安排报关装船事宜。出运以后，货代给我们出具提单（Bill of Loading，B/L）作为物权凭证和提货依据。我们再把提单交给国外的客户，等货物运抵目的港码头后，客户凭提单去码头提货。这就是最基本的流程。

偶尔也会有特殊情形，提单因某些原因未能及时开具并送抵收货人手中，而我们又同意客户（收货人）提货的话，可以授意货代以电报通知的形式许可客户无单提货。这种操作称为电放（Telex Release），不再开具提单，已经开具的也要收回。但这属于特例了。

在FOB条件下，由国外客户订舱，并告知我们承接该业务的货代联系方式，我们据以办理运输，行话叫做“指定货代”。因为远洋运费是到目的港后由国外客户支付，因此叫做“运费到付”（Freight Collect）。在CNF/CIF条件下，由我们自己订舱并支付费用，叫做“运费预付”(Freight Prepaid)。到付或预付会在提单上注明。出于可以理解的原因，谁去订舱，谁就是货代的客户，货代自然对客户更热情周到。

那么是不是自己去订舱就一定好呢？也有风险。因为远洋航运的运费是不断波动的，有时候波动得还很厉害，如一个集装箱运到欧洲港口的运费，在短短两三个月内可能会涨价一两千元甚至更多。假如做CNF/CIF，就必须承担这种风险，而FOB条件下则由国外客户自己承担了。因此，很多出口商还是喜欢做FOB，以至于宁波外经贸委在组织企业开拓国际市场的时候，干脆以“FOB宁波”作为宣传口号，可见一斑。

第5节　给外贸新手的建议

你了解自己的岗位职责吗

对于刚刚进入外贸行业的新人来说，往往对自己的职责一片茫然，不知道自己岗位的职责究竟有哪些。的确，作为外贸工作人员，其岗位职责相对于其他行业确实复杂得多，为此，只有清楚自己是干什么的，才能干好。以下便是外贸业务员的岗位职责：

（1）开拓国外贸易市场、寻找及开发海外客户及订单。

（2）订单业务流程的管理和风险控制，并负责整个外贸订单的洽谈、签约、单证审核、订单管理，以及运输、报关、收汇等。

（3）国内外客户的联络、沟通，并为客户提供外贸咨询、代理服务。

（4）评估、跟踪及管理国外客商订单。

（5）配合公司需要，做好翻译工作。

（6）熟悉、掌握产品，能独立分析其组成和给予准确报价。

（7）熟悉产品的市场定位，找出报价时的不同。

（8）独立开发客户，了解外贸流程，及时、准确地答复客户关于产品规格、质量等的疑问。

（9）随机应变地处理好客户的疑问，并努力下单。

（10）生产过程跟踪、验货，以保证生产质量。

（11）独立制作整套单据及相关检验证明等，独立联系货代，将货物安全送达目的地。

（12）将货物装运的相关情况及时通知客户和货代。

（13）妥善保管客户的资料和样品，有条理的归档。

（14）及时进行退税核销。

（15）撰写并提交季度业务汇总，以及年度、季度、月总结等。

（16）提升自身能力，如产品知识、英语能力和业务能力等。

（17）在国外的重要节日里，向客户发送电子贺卡以示问候，同时为客户提供自己公司最新的产品信息和目录。

（18）根据市场的变化，适时地开发新产品。

外贸工作中的具体建议

不少刚刚入行的外贸新手都会对外贸工作感到茫然，对于究竟该如何进行外贸工作总是摸不着头脑。这里，就给外贸新手们提出八点切实可行、行之有效的建议，以便让新手能够尽快投入工作。

一、主动做事

刚刚进入一家公司，会感觉有些无所适从，不知道自己要干些什么，那么可以多问问自己的主管，看看有什么事情需要帮忙。如果分配给你的任务简单又重复，不要着急和烦躁，因为简单的东西都是最基础的，先做好这些最基础的工作，才能更好地向上走。

二、多动脑、勤动手

要养成爱思考的习惯，自己不懂的地方要多向他人虚心请教，但不能遇到问题就马上去问，要先动脑想一想，实在解决不了或是拿不准了再去求教。另外，要勤动手做记录，同样的或是类似的问题尽量不要再问第二遍，问过第一遍后，要记在一个专门的小本子上（俗话说“好记性不如烂笔头”），等再遇到类似的问题，翻开一看就知道了。

三、尽量自己解决

有些问题能够自己解决就自己解决，比如，什么是P/I、什么是S/O、什么是提单背书等，可以通过看书或是上网查资料等解决。这些都是基础知识，自己解决可以加深印象。

四、了解自己的产品

你做的宣传再多，如果面对客户的提问却一问三不知，将直接影响客户对你的看法，在外贸工作中不专业是大忌。如果一个外贸业务员对自己的产品都不了解，那么客户又如何能够信得过你呢！

五、及时答复客户

对于客户的任何提问或要求都要及时登记、及时处理。这里所说的及时答复客户，指的是在时间上不要让客户感觉被冷落，这会为日后谈判打下良好的感情基础，使谈判顺利进行。

六、多交流

不仅仅是外贸工作，任何一项工作要想做好，都不能一个人“闭门造车”，俗话说“众人拾柴火焰高”，每个人都有自己独特的体会和经历，日常多与同事和朋友交流经验与心得，可以让自己少走弯路并增长经验。

七、拓宽学习途径

现在科技不断发展，学习的途径也不断拓宽，外贸新手要善于通过各种途径来学习，除了传统的看书、翻资料外，还要多利用网络，如一些外贸论坛等，多看、多听，最大限度地获取知识，增强实践能力。

八、总结经验教训

在外贸工作实践中，新手总会遇到各种各样的问题，有些是成功的经验，但可能更多的是失败的教训。新手要认真总结，以便在日后的工作中扬长避短。

第6节 远离欺诈

外贸欺诈大揭秘

对外贸易本身就是个险恶的江湖，不少外贸新手都多多少少碰到过欺诈案例，因此不可不防。由于外贸活动中存在语言交流不便、不熟悉国际惯例和各国法律风俗不同，以及距离远、跨国费用高、追讨困难等因素，为外贸欺诈提供了便利的条件。

一般可以将外贸欺诈分为两类：一类是纯粹的骗子型，这种骗局从开始就设计引人上钩；另一类是奸商型，他们熟悉交易技巧，会利用各种手段在交易过程中设置障碍，以降价、索赔等方法达到逼出口商贱卖产品的目的。

一、骗子型案例最常见“天上掉馅饼”

几乎所有的外贸企业都无一例外地收到过那种“419 诈骗信”，这种骗局有一个基本格式，那就是声称由于各种原因（这种原因往往与时俱进，跟国际新闻动态紧密相关，从而显得逼真，如非洲政变、伊拉克高官外逃、银行清算等），获得了一大笔钱，但限于当地银行、政府管制或局势

动荡，使得这笔资金无法直接取出，只能采取秘密联系的办法，请求你提供账户中转一下，也就是借用你的户头将这笔巨额资金转出去。当然，作为酬谢，他们会分给你相当诱人的“手续费”。这种骗局看上去很简单，你只需提供一个账户，然后就能够坐等收钱。但如果你真上当去参与的话，接下来大致会有四种发展方向：

其一，对方会对你说“事关重大，最好面谈”，将你引诱到第三国，然后借机绑架勒索；

其二，声称转账过程中需要各种手续费，让你先行垫付，骗取钱财；

其三，声称需要你提供详细的银行资料，从而套取你的银行账户信息，窃取账户内金额；

其四，利用你合法正规的贸易银行账户，作为一些不法分子进行国际洗钱的临时渠道。

虽然这种骗局让人一看就明白，但普通人都有一个通病，那就是刚刚接触骗局时警惕小心，一旦真的上当参与便全身心投入，有时甚至感觉到危险，但还是找各种理由不断说服自己相信那些荒谬之处，并一步步令自己陷进骗局。这也是很多简单的老骗局能几十年“长盛不衰”的缘故。

这类骗局最早大规模出自尼日利亚，为了遏制这种不法勾当，当地政府展开追查，称“419 调查”，后统称类似手法为“419 诈骗”。在最为猖獗的时候，外贸公司几乎每天都能收到类似信件。与此相似的还有一种骗局，对方往往声称自己是联合国非洲难民署等“有名”组织的人员，并以政府采购为幌子引人入局，然后再以“招标费”、“登记费”、“文件费”等各种名目骗取小钱。

二、在交易中欺诈

这类贸易欺诈往往更容易得手，因为他们是在实际交易中玩弄伎俩，任何一个外贸公司都不会拒绝一场实实在在的交易，而他们就是在交易的过程中寻找你的漏洞，骗取你的财物。他们通常的做法是采用 D/P 结算，也有的是采取预付小额订金。等到你将货物运抵非洲（这类骗局多发生在西非国家）后，或勾结货代，无单放货（凭货代指示，无须正本货代提单而提货）；或无理拒付，而你若想将货物运回，需要支付高额运费，所以多数会导致货物滞留码头被海关拍卖的结局，这时他们再以贱价收购。这类骗子有四个典型特征：

其一，来自传统的国际骗子聚集地尼日利亚、贝宁；

其二，洽谈时你若留心，就能明显感觉到他们对产品并不熟悉；

其三，交易爽快，通常他们对价格不会太苛刻，为了能够早日促成交易，他们往往让利颇多；

其四，他们多半会坚持以 D/P 形式结算。

当然也有一些骗子很懂得“放长线钓大鱼”的道理，所以开始时他们会和你做些小额交易，并且给你“付款及时、信用可靠”的印象，等你放松警惕后，他们就会和你进行一次大批量的买卖，但是交货付款的时间却多选择在周末或是节假日。你一旦答应，他们便会利用国际时差和假日公休等来做文章，引诱你先交货，而你交了货以后，他们立即逃之夭夭。

还有些骗子假装付款，但却故意填错银行资料。汇款在途的时候就催促你发货。如果你不了解银行汇款“到账”和“在途”的区别，或是对对方太过信任，那么就很容易上当。因为货发出去以后，钱虽然能够汇抵你的国内账户，但却因资料有误而无法入账，并返退回去，这样你就会落得个钱货两空。

对于这些纯粹的骗子，防范的最好办法就是不要迷信“天上掉馅饼”的好事，不参与非法勾当，对初次交易的客户要坚持信用证或相当比例的预付款，并采用 CNF/CIF 这样便于控制特权的方式。

总之，作为外贸信任，商业信用要讲，警惕性更要讲，即便是合作过的客户，也要坚持按合同办理；而对于客户的非分要求，则要不伤和气地

拖延推诿；付款交货类型的，需要对节假日格外注意。这样，你基本上可以杜绝这种纯粹的骗子行为。

三、奸商型欺诈

与前两种欺诈方式比较起来，奸商型欺诈要复杂的多，其中虚虚实实、扑朔迷离，最为典型的当属故意设置信用证软条款。

例如，一份英国食品进口商的信用证中规定：

47A + THE MERCHANDISE IS SUBJECT TO A SUBSEQUENT INSPECTION BEFORE SHIPMENT.

同时，

46A + INSEPCTION CERTIFICATE ISSUED BY APPLICANT IN DATED BEFORE SHIPMENT.

如果在出货前该产品市场行情发生变化，行市下跌，那么申请人就会迟迟不安排验货，就算在你的多次催促后验货许可装船，但却不出具相关正本确认文件，同时他们还会提出降价要求。因为信用证即将到期，为取得客户的检验许可证明，出口商不得不接受，导致损失。这种“出货前需经开证申请人检验并许可装运”一类条款，因为检验单证出具权完全控制在信用证申请人手中，所以风险极大。

还有一类要弄外贸伎俩的人会选择在“无单放货”上做文章。他们常选择在 FOB 交易条件下与货代勾结，或干脆采用非特权凭证的 FCR 等代替提单，或是在信用证项下与银行联手，以担保函形式先行提货。例如：

某美国工艺品进口商以信用证方式进口了一批相框。货物运抵美国后却以某单证缺少一份副本为由拒付单证，并要求扣款（而其实际原因则可能是因为上一批货物部分黏胶不洁，没能得到补偿）。经货代核查，该批货物已经被提走。出口厂商闻讯大惊，通过银行质询开证行，开证行却声称单证仍保管完整。再三斟酌权衡后，出口商无奈地接受了扣款要求。

实际上，在这个案例中，由于外商和开证行的规模较大，而且信誉一直不错，所以在核查时发现货被提走后，工厂不必惊慌反倒可以安心。原因是：这种情况下基本可以断定客户采用的是“担保提货”的方式，虽然全套单据形式上掌握在开证行手中，但银行已经无法退回。如果工厂坚持付款或退单，那么客户与开证行都会妥协。遗憾的是外贸新手并不了解信用证的相关规定，得知货物被提后就自乱阵脚了。

对于外贸新手来说，要想对付奸商型骗子，一定要让自己具有扎实的外贸知识，熟悉贸易惯例，遇事不要慌乱，要理智分析，坚持原则。在平时可以多听、多看一些行业经验，收集各类诈骗案例以资参考。

四、国内的骗局也不少

除了形形色色的外国骗子，国内的骗局也不少，大多数贸易公司和外贸业务员都碰见过。比如一个非常典型的案例：

某“工贸公司”发来传真并电话联系，说他们想请你为他们代理一种产品，然后很快就寄来了免费样品和价目表。这种交易的重点在于，你无须支付代理费和前期投入，只要找到客户后就可赚取差价。更让人动心的是，他们甚至声称免费为你做广告。

看起来，这是一笔非常划算的交易，因为你毫无风险，到目前为止不需要任何支出。但真正的“故事”刚刚开始，在一小段时间以后，通常会有某个“军工企业”来电，要求采购此产品。经过讨价还价后你们达成协议，之后你与“工贸公司”联系也没有问题。

看上去，这笔差价已经唾手可得。更有甚者，一些“军工企业”还会预付订金。有订金在手，很多人就失去了警惕性。但就在这个时候，“军工企业”常常会要求紧急交货，而巧合的是，“工贸公司”正好有一批货要发往你附近城市，可以调拨出来，但要求当面验货并付款，“军工企业”当然会派人配合。只是在交接的时候，“验货无误”，“军工企业”会借口办理付款而离开，“工贸企业”的司机则着急赶去另一家送货催促付款，等你付款后“工贸公司”和“军工企业”便一起失踪。

此时，你就以高价买下了一堆没用的货物。

骗子的“智慧”是无穷的，他们还常常会根据你的反应“见机行事”，或掉包，或利用空头支票、假支票、打时间差等手段，让你上当受骗。另外最常见的是，某“国有企业”一下子订购你几十万的货物，但要求你当面谈，见面后你得请吃饭、送礼、打点上级等，可是一顿饭下来后便杳无音讯。

此外，也有不少骗子打着“国际项目投资”的幌子，声称要给你注资几十万美元，但前提是要求你出具一份“符合要求”的全英文项目可行性报告（这个要求对许多急需资金而缺少外语人才的企业来说并不容易），即便你请翻译公司帮忙，也总是会被以种种理由挑剔。一段时间之后，他们便露出真实面目——要求你交纳数千甚至上万元的“项目报告费”。

新手如何面对欺诈

如果外贸新手已经确定对手不过是给自己设计了一场骗局，那么相信不会有人上当，关键在于对于那些没有把握的客户，既不能确定他们是骗子，又不能确定他们是客户，这时要如何应对呢？其实，只要你能够把握三个简单原则即可：

(1) 宁可信其有。虽然并没有十足的把握，但毕竟是个机会。所以，要认真对待，体面周到。

(2) 不见兔子不撒鹰。不能错失良机，需要热情周到地对待客户，但涉及钱和交货等实质性问题，要做到绝不松口含糊，没见到真金白银前，一定要捂紧自己的口袋。

(3) 对于不明底细的，一定要照规矩办事。做生意，“灵活”只是对那些具有良好信誉的熟客，而初次打交道时一动不如一静。

此外，如果客户要求你到所在地“面谈交易”时，不要轻易允诺。因为按照行业习惯，如果客户真的需要大宗采购，他们更应该自己到生产厂家去察看设备、规模、生产能力等。凡是违背常情的事情都要有三分警惕。你可以通过电话、传真、邮寄等把交易细节确定，尽量降低“见面”的必要。如果对方坚持见面，并有说得过去的理由时，你再考虑拜访。而拜访时至少要两人同行，见面地点要选择对方公司而不是酒店、饭馆、娱乐场所等，尽量避开吃饭时间。你还可以在见面的时候多打几个电话与外界联系，当着对方的面说明你目前所在地点，甚至和谁在一起等，给可能的骗局打个预防针。

总之，戒贪、戒急、戒虚荣心，是外贸新手在生意场上最基本的也是永恒的防骗之道。

新手必读2 外贸基础知识加油站

无论哪个行业，作为新人要想顺利进入工作状态并取得成绩，都离不开扎实的基础。外贸新手也是一样，只有掌握了基础知识，了解了什么是发票、提单、信用证、汇票等，明白进出口的各个环节，才能在工作中得心应手。

第1节 常用贸易术语

了解11种常用贸易术语

有些外贸术语，我们可能会经常遇到，俗称常用贸易术语。《2010年国际贸易术语解释通则》中一共列出了11种在外贸业务中最为常用的贸易术语，这11种术语可按照所适用的运输方式划分为以下两组：

一、第一组：适用于任何运输方式的术语

这一组一共有7种，包括：EXW、FCA、CPT、CIP、DAT、DAP、DDP。

EXW（ex works） 工厂交货

FCA（free carrier） 货交承运人

CPT（carriage paid to） 运费付至目的地

CIP（carriage and insurance paid to） 运费/保险费付至目的地

DAT（delivered at terminal） 目的地或目的港的集散站交货

DAP（delivered at place） 目的地交货

DDP（delivered duty paid） 完税后交货

二、第二组：适用于海运的术语

这一组一共有4种，包括：FAS、FOB、CFR、CIF。

FAS（free alongside ship） 装运港船边交货

FOB（free on board） 装运港船上交货

CFR（cost and freight） 成本加运费

CIF（cost insurance and freight） 成本、保险费加运费

三种最主要的贸易术语及应用

一、FOB 术语及应用

FOB 是国际贸易中常用的贸易术语之一，即 Free on Board（... named port of shipment）的缩写，意为船上交货（离岸价格），常习惯称为装运港船上交货。

1. 买卖双方的基本义务

表 1　买卖双方的基本义务

卖　方	买　方
负责在规定时间，在指定的装运港按该港习惯方式将货交至指定的船上，并给予买方充分的通知	收取按合同规定交付的货物并负责按合同规定支付货物价款
在需要办理海关手续时，负责办理出口手续，取得出口许可证或其他官方许可	在需要办理海关手续时，负责办理进口手续，取得进口许可证或其他官方许可
负责提供交货凭证、运输单据或同等作用的电子信息	接收有关单据
负担货物在装运港越过船舷前的一切费用和风险	负担货物在装运港越过船舷后的一切费用和风险
负责提供发票、运输单据或其他证明等	负责租船订舱，支付运费，并给予卖方关于船名、装船地点和要求交货时间的充分通知
—	负责办理保险及支付保险费

2. FOB 术语的变形

在 FOB 术语条件下，如果使用班轮运输，由于班轮通常情况下管装管卸，一切费用都包括在运费之内，所以装卸费用多是由买方负担。但如果采用租船运输，就需要明确买卖双方有关费用的负担，特别是装船费用以船舷为界不明确且容易产生争议时，一定要在合同中明确。这就导致了 FOB 术语的一些变形，主要有以下几种：

变形一：FOB 班轮条件（FOB Liner Terms），此时装船费用按班轮条件处理，即由支付运费的一方（买方）负担。

变形二：FOB 船上交货并理舱（FOB Stowed），此时卖方负责将货物装入船舱并负担包括理舱费在内的装船费用。

变形三：FOB 船上交货并平舱（FOB Trimmed），此时卖方负责将货物装入船舱并负担包括平舱费在内的装船费用。若买方租用自动平舱船，卖方应收回平舱费用。

变形四：FOB 吊钩下交货（FOB Under Tackle），此时卖方将货物运到船舶吊钩所及之处，从货物起吊开始的装船费用由买方负担。但吊钩下可能是码头，也可能是驳船，且大件货物涉及岸吊和浮吊的租用等，容易引起争议，所以此变形应用较少。

需要注意的是，这些变形只涉及装船费用，风险划分不变。

3. 使用 FOB 术语时需注意的问题

首先，是通知问题。FOB 术语中涉及两个充分通知。一个是买方租船后，应将船名、装货时间、地点给予卖方以充分通知；另一个是卖方在货物装船后要给买方以充分通知。在第一种情况下，如买方没有做到充分通知，指定的船舶未按时到达或未能按时受载货物，或比规定的时间提前停止装货，由此产生的损失应由买方承担。在第二种情况下，由于货物风险是在越过船舷时由卖方转移给买方，因此卖方在货物装船时必须通知买方，以便买方投保，否则由此造成买方受到的损失，卖方应当负责。

其次，还要格外注意各国对FOB的不同解释。其中，最为典型的是美国1941年修订的《对外贸易定义》，该定义把FOB术语分为六种，其中只有FOB VESSEL（... named port of shipment）装运港船上交货与国际商会规定的FOB术语含义类似。因此，在对美贸易中，若使用FOB术语，则一定要注明是采用国际商会制订的《国际贸易术语解释通则》，还是适用美国全国对外贸易协会的《对外贸易定义》1941年修订本。若采用后者，则需要在FOB后面加上“VESSEL”（船舶）字样，以免引起误解。

我来试试

项目情境：我方向某美商购买一批棉花，按合同规定：每公吨1450美元FOB New York，我方受载货轮到达港口后通知对方装货时，对方却要求我方负担从纽约城内仓库至装上船的一切费用。

我的任务：思考我方应如何处理？理由是什么？

二、CIF术语及应用

CIF（Cost，Insurance and Freight... named port of destination）也是国际贸易常用的术语之一，即成本加保险费、运费（指定目的港）。由于CIF术语后面跟的是目的港，所以常被称作“到岸价”，但这种叫法并不准确，且容易被人们误解为卖方负责将货物运到目的港并承担到此为止的一切费用和风险，这与CIF本身的含义相悖，必须加以注意。

1. 买卖双方的责任划分

表2　　买卖双方的责任划分1

卖　方	买　方
同FOB	同FOB
同FOB	同FOB

续 表

卖 方	买 方
租船或订舱，支付运费	—
办理保险，支付保险费	—

可见，CIF 与 FOB 贸易术语的不同点就在于租船订舱、支付运费，办理保险并支付保险费这两项主要责任，CIF 这两项责任由卖方承担，而 FOB 则由买方承担。

2. CIF 术语的变形

在 CIF 术语中，若采用班轮运输，有关装卸货费用均由班轮公司负责，但实际上是由支付运费的一方即卖方负担。若采用租船运输，有关装货费用则可理解为由支付运费的一方（卖方）负担，卸货费则可采用 CIF 的变形来解决，如：

变形一：CIF 班轮条件（CIF Liner Terms），此时卸货费用按班轮条件办理，即由支付运费的一方（卖方）负担。

变形二：CIF 舱底交货（CIF Ex Ship's Hold），此时买方负担将货物从目的港船舱舱底起吊卸到码头的费用。

变形三：CIF 卸到岸上（CIF Landed），此时货物到达目的港后，包括驳船费和码头在内的卸货费由卖方负担。

变形四：CIF 吊钩交货（CIF Ex Tackle），此时卖方负担货物从舱底吊至船边卸离吊钩为止的费用。

与 FOB 术语变形一样，CIF 术语变形也是为了明确装货费或卸货费由谁负担的问题，并不影响交货地点和风险转移的界限。

我来试试

项目情境：我方按照“CIF 卸到岸上”条件对外出口某货物，并按照规定提交了全套符合要求的单据，货轮在航行途中触礁沉没，货物全部灭失，买方以“卖方需将货物运到目的港并安全卸到岸上”为由拒绝付款。

我的任务： 分析买方理由是否成立？我方应如何处理？

三、CFR 术语及应用

CFR（Cost and Freight... named port of destination），即成本加运费（指定目的港），是指卖方必须在合同规定的装运期内在装运港将货物交至运往指定目的港的船上，负担货物越过船舷为止的一切货物灭失或损坏的风险及由于各种事件造成的任何额外费用，并负责租船订舱，支付至目的港的正常运费。

1. 买卖双方的责任划分

表 3　　买卖双方的责任划分 2

卖　方	买　方
提供合同规定的货物，负担租船订舱和支付运费，按时在装运港装船后及时通知买方	承担货物在装运港越过船舷时起的货物灭失或损坏的风险以及由于货物装船后发生事件所引起的额外费用
办理出口清关手续，并承担货物在装运港到达船舷时为止的一切费用和风险	在合同规定的目的港受领货物，并办理进口清关手续和交纳进口税
按合同规定提供正式有效的提单、发票及其他有关凭证	受领卖方提供的各种约定的单证，并按合同规定支付货款

2. CFR 术语的变形

大宗货物如果按 CFR 条件成交，很容易在卸货问题上引起争议，所以实践中也产生了 CFR 术语的变形：

变形一：CFR 班轮（CFR Liner Terms），此时卸货费按班轮办法处理，即买方不负担卸货费用。

变形二：CFR 卸到岸上（CFR Landed），此时由卖方负担卸货费，其

中包括驳运费在内。

变形三：CFR 吊钩下交货（CFR Ex Tackle），此时卖方负责将货物从船舱吊起卸到船舶吊钩所及之处的费用，若船不能靠岸，租用驳船和货物从驳船卸到岸上的费用由买方负担。

变形四：CFR 舱底交货（CFR Ex Ship's Hold），此时货物运到目的港后，由买方自行起舱，并负担货物从舱底卸到码头的费用。

3. 使用 CFR 术语需注意的问题

使用 CFR 术语时要特别注意在货物装船之后及时通知买方，以便买方办理投保手续。否则，买方就无法及时办理保险手续，甚至漏保。所以，卖方在装船前和装船时应及时用电信方式通知买方。若卖方不能及时向买方发出装船通知，致使买方未能及时办理货运保险所造成的损失，卖方应承担责任。所以，与 FOB 和 CIF 条件下卖方向买方发出装船通知比较，在 CFR 术语下的装船通知更具有意义。

我来试试

项目情境： 我方利达公司按照 CFR 术语与英国客户成交，合同规定：保险由买方负责。10 月 8 日中午 13 点装船完毕，受载货轮于当日下午 16 点起航。由于 10 月 9 日、10 日为周末，我方没有及时向买方发出装船通知。11 日上午买方急电：货轮于 10 日下午遇难，货物灭失，要求我方赔偿全部损失。

我的任务： 我方是否负有赔偿责任？为什么？

第2节　对外贸易离不开的主要单证

信用证

一、读懂信用证

在国际贸易活动中，买卖双方可能对彼此都不信任，买方担心支付预付款后卖方不能按时、按质、按量交货，而卖方则担心货物运出后无法收回货款，信用证应运而生。有了信用证，受益人（出口方）就有了收款的保证，因此这是对受益人有利的支付方式。对于信用证的使用可以简单理解为：买方先将货款交存到银行，由银行开立信用证，通知异地卖方开户银行转告卖方，只要卖方按照合同和信用证规定的条款发货，开证银行在收到合格的单据后就会代买方支付货款。

1. 信用证的分类

在实际的外贸活动中，信用证不止一种，所以外贸新手要对每一种信用证都有所了解，才能根据自己所面对的实际情况来进行正确使用。一般来说，可以将信用证简单分为以下几类：

（1）跟单信用证：这种信用证是凭跟单汇票或仅凭单据付款，在国际贸易结算中所使用的信用证绝大部分是跟单信用证。

（2）光票信用证：是凭不附带单据的汇票付款的信用证。

（3）可撤销信用证：顾名思义，就是能够随时撤销的信用证，而且这种撤销不必征得受益人的同意。

（4）不可撤销信用证：这是与上述可撤销信用证相对的信用证，不可

撤销信用证一经开出，在有效期内，除非经过信用证各有关当事人的同意，否则，开证行没有权力片面修改或撤销。由于这种信用证具有对卖方的极大保护，同时也监督卖方按买方要求备货，所以广受青睐。

（5）保兑信用证：如果受益人（出口商）对开证银行的资信不了解，对开证银行的国家政局、外汇管制有所担心，就可以提出加具保兑的要求，就是要求开证行以外的另一家银行加具保兑的信用证，这样相当于多了一家银行做保障，从而更有利于货款的回收。

（6）即期信用证：是开证行或付款行在收到符合信用证条款的汇票和单据后，需立即履行付款义务的信用证。

（7）远期信用证：这是与上述即期信用证相对的一种信用证，开证行或付款行收到符合信用证的单据时，不立即付款，而是等到汇票到期履行付款义务时再支付货款。

（8）红条款信用证：有时，经买卖双方协商，允许出口商在装货交单前就支取全部或部分货款，而开证行在信用证上加列上述条款时常用红字打成，所以这种信用证就被叫作“红条款信用证”。

（9）可转让信用证：是指开证行授权通知行在受益人的申请下，可将信用证的全部或部分转让给第三者，即第二受益人的信用证。但可转让信用证只能转让一次，且转让后应第二受益人办理交货，第一受益人仍须负责买卖合同上卖方的责任。如果信用证上允许分装，那么信用证还可分别转让给多个第二受益人，这种转让等同于一次转让。与之相对的是不可转让信用证，很显然，不可转让信用证的受益人不能将信用证的权利转让给他人。

（10）对背信用证：是受益人要求通知行在原有的信用证基础上，再开立一个新的信用证，目的是当两国不能直接进行贸易时，可以通过第三方来进行贸易。举例来说，中间商A向国外进口商B销售某商品，请该进口商开立以他为受益人的第一信用证，然后向当地或第三国的实际供货人

C 购进同样商品，并以国外进口商开来的第一信用证作为保证，向通知行或其他银行申请对当地或第三供货人另开第二信用证（即对背信用证），以卖方（中间商 A）作为第二信用证的申请人。但不管 A 根据第一信用证能否收回货款，他都要负责偿还银行根据第二信用证支付的款项。

（11）对开信用证：在实际的外贸活动中，有时双方互为进口方和出口方，互为信用证的申请人和受益人。这时，为了实现双方货款之间的平衡，就可以采用互相开立信用证的办法。这样做的结果是：第一张信用证的受益人就是第二张信用证（也称回头证）的开证申请人，而第一张信用证的开证申请人就是回头证的受益人。第一张信用证的通知行，常常就是回头证的开证行，且两证的金额约略相等。

（12）循环信用证：顾名思义，循环信用证就是可以多次循环使用的信用证，也就是说，当信用证的金额被全部或部分使用后，仍可以恢复到原有金额。如果买卖双方订立了长期合同，分批交货，那么进口方就可以申请开立循环信用证，这样做的目的是节省开证手续和费用。循环信用证可分为按时间循环的信用证和按金额循环的信用证两种。

（13）备用信用证：也叫商业票据信用证、担保信用证，是指开证行根据开证申请人的请求，对受益人开立的承诺承担某项义务的凭证。也就是说，开证行保证在开证申请人不能履行其义务时，受益人只要凭备用信用证的规定并提交开证人违约证明，就可以取得开证行的偿付。对受益人来讲，这是被用于开证人违约时，取得补偿的一种方式。

2. 信用证的内容

对外贸人员来说，一个重要的职责就是读懂信用证，因此要对信用证的内容有一个全面的了解。一般说来，各个银行所开具的信用证可能会略有不同，但其实质内容都不外乎以下几个方面：

（1）信用证本身说明

①信用证的类型（Form of Credit）

②信用证号码（L/C Number）

③信用证日期（Date of Issue）

④信用证金额（Credit Amount）

⑤信用证有效期及到期地点（Date and Place of Expiry）

⑥信用证兑用的方式（Credit Available with）

（2）信用证当事人

①开证行（Issuing Bank）

②通知行（Advising Bank）

③开证申请人（Applicant）

④受益人（Beneficiary）

（3）汇票条款

①出票人（drawer）

②付款人（drawee）

③收款人（payee）

④付款期限（tenor）

⑤出票依据（drawn under clauses）

（4）货物条款

①品名、货号和规格（commodity name，article number and specification）

②数量和包装（quantity and packing）

③单价（unit price）

④唛头（shipping marks）

（5）装运条款

①装货港（port of loading / shipment）

②卸货港或目的地（port of discharge or destination）

③装运期限（latest date of shipment）

④装运方式（means of transport）

⑤可否分批装运（partial shipment allowed/ not allowed）

⑥可否转船运输（transshipment allowed / not allowed）

（6）单据条款

①商业发票（commercial invoice）

②提单（bill of lading）

③保险单（insurance policy）

④产地证明书（certificate of origin）

⑤其他单据（other documents）

（7）其他条款

①特别条款（special condition）

②开证行对议付行的指示（instructions to negotiating bank）

③背批议付金额条款（endorsement clause）

④索汇方法（method of reimbursement）

⑤寄单方法（method of dispatching documents）

⑥开证行付款保证（engagement /undertaking clause）

⑦惯例适用条款（subject to UCP clause）

⑧开证行签字（signature）

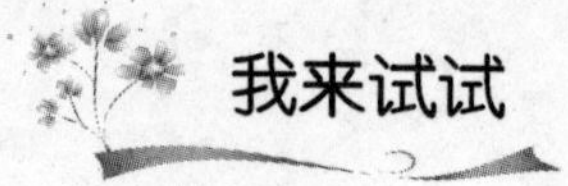

我来试试

项目情境：2008 年 9 月 10 日，石家庄华燕进出口有限公司与英国 SKY 贸易有限公司签订了一份关于全棉男士夹克出口的合同，规定使用信用证方式结算。2008 年 9 月 20 日，化验公司收到了某银行发来的信用证通知函，得知英国 SKY 贸易有限公司已经通过汇丰银行伦敦分行开来信用证。信用证内容如下：

MT700		ISSUE OF A DOCUMENTARY CREDIT
SINDER		HSBC BANK PLC，LONDON，U. K.
RECEIVER		BANK OF CHINA，HEBEI BRANCH，CHINA
SIQUENCE OF TOTAL	27：	1/1
FORM OF DOC. CREDIT	40A：	IRREVOCABLE
DOC. CREDIT NUMBER	20：	LH10999
DATE OF ESSUE	31C：	080920
APPLICABLE RULES	40E：	UCP LATEST VERSION
DATE AND PLACE OF EXPIRY	31D：	DATE 080925PLACE IN U. K
APPLICANT	50：	SKY TRADING CO.，LTD. 16 JOHNSON STREET，LONDON，U. K.
BENEFICIARY	59：	SHIJIAZHUANG HUAYAN IMPORT&EXPURT CO.，LTD. 18ZHONGHUA STREET，SHIJIAZHUANG，CHINA
AMOUNT	32B：	CURRENCY USD AMOUNT 68500.00
AVAILABLE WITH/BY	41D：	ANY BANK IN CHINA，BY NEGOTIATION
DRAFTS AT…	42C：	60 DAYS AFTER SIGHT
DRAWEE	42A：	HSBC BANK PLC，NEW YORK
PARTIAL SHIPMENT	43P：	PROHIBITED
TRANSSHIPMENT	43T：	ALLOWED
PORT OF LOADING/AIPRORT OF DEPARTURE	44E：	CHINESE MAIN PORT
PORT OF DISCHARGE	44F：	LONDON，U. K.
LATEST DATE OF SHIPMENT	44C：	100425
DESCRIPTION OF GOODS AND/OR SERVICES.	45A：	4500 PIECES OF LADIES FACKET，100% COTTON，ORDER NO. SKY888，AS PER S/C NO. SJZHY0739 QUANTITY UNIT PRICE AMOUNT 4500PCS USD15/PC USD65700.00

续 表

DOCUMENTS REQUIRED	46A:	
		+COMMERCIAL INVOICE SIGNED IN TRIPLICATE
		+PACKING LIST IN TRIPLICATE
		+CERTIFICATE OF CHINESE ORIGIN CERTIFIED BY CHAMBER OF COMMERCE OR CCPIT
		+INSURANCE POLICY/CERTIFICATE IN DUPLICATE ENDORSED IN BLANK FOR 150% INVOICE VALUE, COVERING ALL RISKS OF CIC OF PICC (1/1/1981) INCL; WAREHOUSE TO WAREHOUSE AND I. O. P AND SHOWING THE CLAIMING CURRENCY IS THE SAME AS THE CURRENCY OF CREDIT
		+FULL SET (3/3) OF CLEAN' ON BOARD' OCEAN BILLS OF LADING MADE OUT TO APPLICANT MARKED FREIGHT PREPAID AND NOTIFY APPLICANT
		+SHIPPING ADVICE SHOWING THE NAME OF THE CARRYING VESSEL, DATE OF SHIPMENT, MARKS, QUANTITY, NET WEIGHT AND GROSS WEIGHT OF THE SHIPMENT TO APPLICANT WITHIN 3 DAYS AFTER THE DATE OF BILL OF LADING
ADDITIONAL CONDITION	47A:	
		+NUMBER AND THE DATE OF THIS CREDIT AND THE NAME OF ISSUING BANK MUST BE QUOTED ON ALL DOCUMENTS
		+SHORT FORM/CHARTER PARTY /THIRD PARTY BILL OF LADING ARE NOT ACCEPTABLE
		+SHIPMENT MUST BE EFFECTED BY 1×40' FULL CONTAINER LOAD. B/L TO SHOW EVIDENCE OF THIS EFFECT IS REQUIRED
		+THE GOODS SHIPPED ARE NEITHER ISRAELI ORIGIN NOR DO THEY CONTAIN ISRAELI MATERIALS NOR ARE THEY EXPORTED FROM ISRAEL, BENEFICIARY'S CERIFICATE TO THIS EFFECT IS REQUIRED

续 表

		+ ALL PRESENTATIONS CONTAINING DISCREPANCIES WILL ATTRACT A DISCREPANCY FEE OF USD60.00 PLUS TELEX COSTS OR OTHER CURRENCY EQUIVALENT; THIS CHARGE WILL BE DEDUCTED FROM THE BILL AMOUNT WHETHER OR NOT WE ELECT TO CONSULT THE APPLICANT FOR A WAIVER
CHARGES	71B:	ALL CHARGES AND COMMISSIONS ARE FOR ACCOUNT OF BENEFICIARY INCLUDING REIMBURSING FEE
PERIOD FOR PRESINTATION	48:	WITHIN 5 DAYS AFTER THE DATE OF SHIPMENT, BUT WITHIN THE VALIDITY OF THIS CREDIT
CONFIRMATION INSTRUCTION	49:	WITHOUT
REIMBURSING BANK	53A:	HSBC BANK PLC, NEW YORK
INFORMATION TO PRESENTING BANK	78:	ALL DOCUMENTS ARE TO BE REMITTED IN ONE LOT BY COURIER TO HSBC BANK PLC, TRADE SERVICES, LONDON

我的任务：读懂上面的信用证。

我来试试

项目情境：某银行为从某港装运的货物给发货人开立了一份不可撤销信用证，上面列明需按《UCP600》办理。该信用证以后被修改，要求增加由开证人指定的检验机构签发的商检证书，遭到受益人拒绝后，开证行宣称，如提交的单据中未包括该商检证，将拒不偿付，继而又声明：如开证人收到的货物与信用证条款相符，可以照付。当货物抵达目的地后，经检验，货物仅为发票所列数量的80%，因此遭到拒付。为此，受益人起诉开证行违反信用证承诺。

我的任务：分析开证行对信用证的修改是否有效？货物短少，开证行是否有权拒付？

二、审核信用证

在收到买方开立的信用证后，卖方和银行都要对信用证进行严格审核，共同承担审核信用证的任务，但二者的分工并不一样。银行主要是对政策性及信用证的真实性进行审核，而作为出口企业，更侧重于信用证条款与买卖合同是否一致的审核。这里详细对出口企业，也就是受益人审核信用证的要点进行解析。

1. 信用证的性质

我国的出口企业一般都只接受“不可撤销的”信用证，对于“可以撤销的”信用证则不予接受。如果合同上规定“保兑的”信用证，那么在信用证上必须有“保兑”字样，否则不能接受。

2. 开证行的付款责任

为了保证安全收回货款，对于开来的不可撤销信用证，应注明开证行保证付款的责任文句。如果来证中对开证银行保证付款责任方面加列了限制或保留条件，如“以领到进口许可证后通知卖方方能生效”或是“在付款人拒付货款时不承担付款责任”等则不予接受。

3. 信用证条款

信用证上所列的条款应符合出口合同的各项条款，尤其是品名、规格、数量、包装、计价货币、单价及价格术语、总金额、装运期、目的港、险别等要特别注意，确保与出口合同规定相符。

4. 信用证金额和支付货币

信用证中的金额和支付货币应与合同规定一致，单价与总值要填写正确，且大小写并用。合同中订有溢短装条款的，信用证中也应包括溢短装部分的金额。此外，信用证中所采用的支付货币是否与合同规定相同也要格外留意，如果两者不一致，则应按国家外汇管理部门公布的人民币外汇牌价将来证中的支付货币折算成合同货币，只有在不低于合同货币金额时

方可接受。

5. 信用证装运期、有效期、到期地点、交单期

信用证应注明装运期，且装运期必须与合同规定一致。如信用证开的太晚，影响按期装运时应及时电请国外买方延迟装运期限。信用证的有效期与装运期之间都应该有一定的合理间隔（一般为装运期限后十五天），以便在装运货物后有足够时间办理制单结汇工作，从而保证如期安全收汇。信用证也有到期地点，一般规定在中国境内到期，如果客户开来的信用证将到期地点规定在国外，不要轻易接受。

一般情况下，信用证还要规定一个交单期，即在装运日后若干天必须向银行提交单据的特定期限。信用证的受益人应至少有 21 天的交单时间。如果信用证规定的交单期过短以致无法在规定的期限内交单，就必须及时提出修改。

6. 信用证规定的单据

对于信用证中要求提供的单据种类、份数及填制方法等都要进行仔细审核，若发现有不正常规定，比如有的信用证要求有产地证书、检验证书或其他任何单据必须由国外第三者签证，否则不能接受。因为这样一来，卖方就失去了检验商品和发运的主动权。对于这种要求，要力争摆脱。另外，有的信用证还规定，在提单上的目的港后面加上指定的卸货码头，这样的规定也需要慎重考虑，因为在这个规定下卖方难以控制能否卸货或及时卸货。

7. 当事人的名称

比如：开证人、付款人、开证行、通知行、议付行、受益人等都必须逐一查核，不能有错，因为一字之差就可能对货、款两个方面带来极大的影响或损失。

8. 特殊条款

客户开来的信用证往往受到开证行所在国的政策和法律的限制而规定

一些出口合同上没有规定的条款，比如：指定船公司、船籍、船龄、船级等条款或不准在某个港口转船等。这样的条款一般不宜轻易接受，但如果对我方无关紧要且能够办到的也可酌情灵活掌握。

9. 是否有软条款

信用证软条款，实际上是开证申请人（进口商）在申请开立信用证时，故意设置的一些隐蔽性的"陷阱"条款，是一种隐性欺骗。这些条款要么是受益人根本无法做到，要么就是要依赖申请人才能做到，要么在此条款下使进口方掌握主动权，而将受益人完全陷于被动。在这种条件下，开证申请人或开证行则可以随时以单据不符为由，解除信用证项下的付款责任。换句话说，信用证的软条款就如同一颗炸弹，而是否引爆的决定权掌握在开证申请人的手中。可见，信用证软条款的根本特征就在于它赋予了开证申请人或开证银行单方面撤销付款责任的主动权。

信用证软条款一般都具有非常大的隐蔽性，如果外贸人员对此不够了解，就常会中了对方的圈套。实践中，常见的软条款主要有以下几种类型：

（1）变相可撤销信用证条款。比如，"软条款"可能会规定当开证银行在未收到对方的汇款、信用证或保函等条件时，可随时单方面解除其保证付款责任。

（2）暂不生效条款。信用证开出后并不生效，要等到开证行另行通知或以修改书通知方可生效；待进口许可证签发后通知生效；或待货样经申请人确认后生效。

（3）无金额信用证：信用证开出时没有具体金额，通过修改增额或只能记账，而不发生实际现汇支付，通常在信用证中带有未生效条款，并常常伴有要求出口商提前支付 5% 甚至更高履约金的字样，其中有不少是在合同中早就规定好了的。

（4）规定一些非经开证申请人指示而不能按正常程序进行的条款，如

发货须等申请人通知，船公司、船名、目的港、起运港或验货人、装船日期须待开证人确认，或开证行将以修改书的形式另行通知。这类条款会使装船的实际控制权完全落到买方手里。

（5）货到目的港后通过进口商检验后才履行付款责任。这就给了进口商寻找借口和拖延的机会。

（6）指定受益人必须提交国外检验机构出具的检验证书或由申请人指定代表出具的证书等，此类欺诈常发生于 CFR/CIF 合同。

我来试试

项目情境：在读懂上面信用证的基础上，依据该笔业务的外销合同，找出信用证上的问题条款。合同内容如下：

SALES CONTRACT

NO.：SJZHY0739　　　　　　DATE：SEP. 10，2008

THE SELLER：SHIJIAZHUANG HUAYAN IMPORT&EXPORT CO.，LTD.

18 ZHONGHUA STREET，SHIJIAZHUANG，CHINA

THE BUYER：SKY TRADING CO.；LTD.

16 JOHNSON STREET，U. K

This Contract is made by and between the Buyer and Seller，whereby the Buyer agree to buy and the Seller agree to sell the under-mentioned commodity according to the terms and conditions stipulated below：

Commodity & specification	Quantity	Unit price	Amount
Men Jacket（6204320090） 100% COTTON，As per the confirmed sample of FEB. 122008 and Order no. SKY888	4500pcs	CIFLONDON， U. K. USD 15. 00/pc	USD 67500. 00

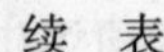

续表

TOTAL	4500pcs		USD 67500. 00
TOTAL CONTRACT VALUE: SAY R. S. DOLLARS SIXTY SEVENTHOUSAND FNE HUNDRED ONLY.			

Size/color assortment for Style no. L357:　　Unit: piece

Size	S	M	L	XL	Total
White	250	500	1000	500	2250
Red	250	500	1000	500	2250
Total	500	1000	2000	1000	4500

More or less 5% of the quantity and the amount are allowed

PACKING: 10 pieces of men jackets are packed in one export standard carton, solid color and Solid size in the same carton.

MARKS:

Shipping mark includes SKY, S/C no., style no., port of destination and carton no.

Side mark must show the color, the size of carton and pieces per carton.

TIME OF SHIPMENT:

Within 60 days upon receipt of the. /C which accord with relevant clauses of this Contract.

PORT OF LOADING AND DESTINATION:

From Tianjin, China to London, U. K.

Transshipment is allowed, and partial shipment is prohibited.

INSURANCE:

To be effected by the seller for 110% of invoice value covering All Risks as

per CIC of PICC dated 01/01/1981.

TERMS OF PAYMENT:

By irrevocable Letter of Credit at 45 days after sight, reaching the seller not later than Nov. 10, 2008 and remaining valid for negotiation in China for further 15 days after the effected shipment. In case of late arrival of the L/C, the seller shall not be liable for any delay in shipment and shall have the right to rescind the contract and/or claim for damages.

DOCUMENTS:

+Signed Commercial Invoice in triplicate.

+Full set of clean on board ocean Bill of Lading marked "freight prepaid" made out to order of.

+Insurance Policy in duplicate endorsed in blank.

+Packing List in triplicate.

+Certificate of Origin certified by Chamber of Commerce or CCPIT.

INSPECTION:

The certificate of Quality issued by the China Entry-Exit Inspection and Quarantine Bureau shall bi taken as the basis of delivery.

CLAIMS:

In case discrepancy on the quality or quantity (weight) of the goods is found by the buyer, after arrival of the goods at the port of destination, the buyer may, within 30 days and 15 days respectively after arrival of the goods at the port of destination, lodge with the seller a claim which should be supported by an

Inspection Certificate issued by a public surveyor approved by the seller. The seller shall, on the merits of the claim, either make good the loss sustained by the buyer or reject their claim, it being agreed that the seller shall not be held responsible for any loss or losses due to natural cause failing within the responsibility of Ship – owners of the Underwriters. The seller shall reply to the buyer within 30 days after receipt of the claim.

LATE DELIVERY AND PENALTY:

In case of late delivery, the Buyer shall have the right to cancel this contract, reject the goods and lodge a claim against the Seller. Except for Force Majeure, if late delivery occurs, the Seller must pay a penalty, and the Buyer shall have the right to lodge a claim against the Seller. The rate of penalty is charged at 0.5% for every 7 days, odd days less than 7 days should be counted as 7days. The total penalty amount will not exceed 5% of the shipment value. The penalty shall be deducted by the paying bank or the Buyer from the payment.

FORCE MAJEURE:

The seller shall not held responsible if they, owing to Force Majeure cause or causes, fail to make delivery within the time stipulated in the Contract or cannot deliver the goods. However, in such a case, the seller shall inform the buyer immediately by cable and if it is requested by the buyer, the seller shall also deliver to buyer by registered letter, a certificate attesting the existence of such a cause or causes.

ARBITRATION:

All disputes in connection with this contract or the execution thereof shall bi

settled amicably by negotiation. In case no settlement can be reached, the case shall then be submitted to the China International Economic Trade Commission for settlement by arbitration in accordance with the Commission's arbitration rules. The award rendered bya the commission shall be final and binding on both parties. The fees for arbitration shall be borne by the losing praty unless otherwise awarded.

This contract is make in two original copies and becomes valid after signature, one copy to be held by each party.

Signed by:

THE SELLER:	**THE BUYER:**
SHIJIAZHUANG HUAYAN IMPORT & EXPURT CO., LTD.	SKY TRADING CO., LTD
张伟健	Johnson Black

三、修改信用证

在全面审核信用证的基础上，如果发现信用证条款与合同条款不符，也不一定要求对方全部修改，而是应该把握好改与不改的界限。比如，如果信用证合同的不符点并不是实质性问题且不影响我方及时、安全收回，就可以不必修改，但如果涉及实质性问题或是我方无法做到，则一定要坚持修改。

1. 哪些必须修改，哪些不必修改

如果信用证中的要求我方无法满足，或是带有明显的敌意或歧视，或是与合同严重不符就必须要修改。比如以下条款必须要修改：

（1）侮辱性条款。比如信用证在单据条款列明受益人向银行议付货款时需提交“Veterinary Inspection Certificate”（兽医检验证书），但货物的品名却是“Human hair barber's cutting waste”（发渣），对于这种侮辱性的条

款，一定要坚决要求开证人删除。

（2）漏写有效期，没有有效期的信用证对受益人是无效的，所以必须要修改。

（3）货物描述，如商品的名称、规格、型号、单价、数量、包装等与合同不符，应要求修改。

（4）货款的金额，如总金额、计价货币、金额的大小写等与合同不符，应必须修改。

（5）存在矛盾性条款，比如信用证规定运输方式为海运，而单据条款中却出现了空运运单作为议付单据之一，这样的相互矛盾的条款必须修改。

（6）列有软条款，如信用证规定 1/3 正本提单寄开证人、客检证、只有在原证项下货款收进后才付款，等等，这些软条款会使受益人回收货款出现障碍，必须修改。

（7）交单期或有效期距离装运期太近，在这种情况下，受益人很可能没有充足的时间缮制各种单据，从而出现延迟交单，所以应要求开证人延展有效期，一般是在装船后 10～15 天交单比较适宜。

（8）信用证指定卸货泊位或指定卸货码头的。在外贸实践中发现，指定泊位容易受吃水限制，而指定码头又常常没有空泊位，所以一般船公司都不愿意接受此类条款，应要求改证。

（9）信用证规定商业发票由开证人会签的条款也不能接受，因为《ISBP》中明确规定：信用证不应该提交由开证申请人出具及/或副签的单据。

当然，在信用证中有些条款虽然与合同不符，或是合同中根本没有提及，但如果对受益人没有任何不利，也无须修改，比如以下条款：

（1）对受益人履行合同更有利，比如合同中规定装运港为天津港，而信用证中却规定为“中国港口”，这样则更有利于受益人，当然无须修改。

（2）信用证附加条款中常规定“On Deck Shipment Not Allowed”，意思是不允许将货物装在甲板上，这种条款只要在办理租船订舱手续时提醒船公司或货代公司即可，无须大费周章地去改证。

（3）合同中规定保险按中国保险条款的一切险和战争险投保，而信用证规定按伦敦协会的ICC（A）和Institute War Clause投保，由于两种险别的承保责任范围并无大的区别，所以无须改证。

（4）不少信用证中都会有不符点扣费条款，一般为50美元左右，只要缮制单据保证绝对一致，这笔费用就不会产生。

（5）有些国家的信用证常要求有抵制以色列条款，如要求受益人或船公司出具证明证实出口货物不含有以色列原材料、不装以色列船只、不停靠以色列港口等，这类证明很容易开具，所以无须改证。

（6）信用证有时会规定要求有随船单据，只要及时将信用证要求的单据交给船长并签发一个收据给受益人即可，无须改证。

（7）某些银行的信用证会要求发票原产地证书由进口国驻出口国的使馆签证，如果受益人所在地没有该国的使馆，这条就可以置之不理。

（8）如果信用证规定的最迟装运期比合同中的装运期要晚，对受益人来说则更为有利，所以无须改证。

（9）信用证如果规定不能在某港口转船，受益人能够在确保不增加自己负担的情况下做到，也可不必改证。

（10）有些国家的外商可能会要求出口商不准租用某船公司的船只，这种条款一般很容易做到，租船订舱时只要不是该公司的船舶就可以，所以也不需要改证。

（11）还有一种情况，就是合同中规定装运港为Mombasa，而来证又规定装运港为Mombasa intransit to Nairabi，这个条款看起来出入很大，但它的意思是货到Mombasa后由进口商自负风险和费用将货物转运到内陆城市的Nairabi，这对受益人来说依然是港至港提单，所以也不用改证。

（12）外贸实践中有一个习惯做法，就是在以下五个目的港后加 Free area（自由贸易区），即 Aden、Aqaba、Colon、Beirut、Postsaid，这种情况也不需要改证。

（13）有时候信用证上唛头中显示的目的港的名称与目的港不一致，通常来说不会有大问题，可能是转口货，但必须要与进口商确认，之后按照信用证规定缮制单据就可以了。

上面我们列出了必须修改的条款和不需修改的条款，但这绝不是此类条款的全部，其余还有一些可改可不改的条款，在外贸实践中一定要具体情况具体分析，本着方便自己也方便他人的原则权衡利弊，再做决定。

2. 信用证修改的程序

信用证的修改，既可以由受益人提出，也可以由开证申请人提出，然后还要经过一系列的程序才能使修改的信用证生效。

（1）请求修改

信用证的修改通常是由受益人提出，当受益人发现信用证与合同不符需要修改时，必须及时向开证申请人提出，因为只有开证申请人才有权决定是否接受信用证的修改。提出的方式多为传真或是邮件，你可以用“We find some discrepancies... please amend them”或“Please amend the L/C as follows”等语句。需要注意的是，对于信用证的修改要尽可能一次提出，不要改了又改。

当然，修改信用证也可以由开证申请人提出，但修改是否生效则要取决于受益人的态度。不过，这种情况下，也就没有“请求修改”这个环节了。

（2）申请修改

开证申请人接到要求修改信用证的信函后，要及时到开证行办理改证手续，并向开证行发出修改信用证的请求。

（3）履行修改

经审核，开证行同意接受申请人的修改申请，并向信用证原通知行发出修改通知。在这里，需注意一个细节，就是自发出修改通知之时起，就意味着开证行已经无条件地接受了该修改的约束。如果是保兑信用证，保兑行此时面临两种选择，一种是将其保兑扩展至修改，另一种是仅将修改通知给受益人而并不加保兑，但此时必须立即告知开证行和受益人。

（4）通知修改

如果开证行是利用通知行的服务将期远信用证通知受益人，那么现在也必须利用同一家银行的服务通知修改书。而通知行在收到修改书后，应先进行真实性的鉴别，然后再通知原受益人。如果电传或是 SWIFT 电文中没有其他规定，那么电讯通知修改应被视作有效修改。

信用证的修改必须要以银行的正式通知为准，开证行发出的信用证修改书中应注明本次修改的次数。此外，既然信用证是由银行开出的，那就应由银行对其进行修改，所以实际业务中受益人不能仅凭开证申请人的改证申请就认为信用证已经修改。

（5）修改生效

《UCP600》的第 10 条有这样的规定：除第 38 条另有规定者外，未经开证行、保兑行（如有的话）及受益人同意，信用证既不得修改，也不得撤销。

受益人接受或是拒绝修改有两种方式，一是在收到修改书后立即作出接受或拒绝修改的通知；二是用交单的方式表示，也就是受益人所交单据与修改书的内容相符就表示接受，反之，则表示不接受。但需要注意的是，沉默不等于同意接受。

《UCP600》的第 10 条 f 款还规定：修改中关于除非受益人在某一时间内拒绝修改，否则修改生效的规定不予理会。所以，修改是否能够生效还要取决于受益人的态度。不过，受益人对于信用证的修改，要么全部接受，要么全部拒绝，不能只接受其中几条。

如果是可转让信用证，《UCP600》的第38条e款规定：任何转让要求须说明是否允许及在何条件下允许将修改通知第二受益人，已转让信用证须明确说明该项条件。同时，f款还规定：如果信用证转让给数名第二受益人，其中一名或多名第二受益人对信用证修改并不影响其他第二受益人接受修改。对接受者而言，该已转让信用证即被相应修改，而对拒绝修改的第二受益人而言，该信用证未被修改。

3. 撰写改证函

修改信用证一般是通过向开证申请人发送改证函来实现的，所以对于外贸新手来说，如何撰写改证函也很重要。通常，改证函需要具备以下三方面的内容：

（1）感谢对方开来信用证。你可以这样说："Thank you for your L/C No. ×××××× date ××××××." 或者 "We are pleased to receive L. C No. ××××××established by ××××××date×××××against S/C No. ×××××."

（2）列明不符点并提出修改意见。如：However，we are sorry to find it contains the following discrepancies：

Please add the word... before...

Please delete the clause... and insert the wording...

The amount should be... not/instead of ...

……

（3）感谢对方的合作，希望早日收到信用证修改书。一般这样说效果比较好：Thank you for your kind cooperation. Please see to it that the L/C amendment reach us before ××××× （date），falling which we shall not be able to effect punctual shipment.

我来试试

项目情境：在上一节的审核信用证的基础上，你已经找出了信用证的问题条款，并提出了相应的修改意见。

我的任务：根据这些条款来撰写一封改证函，发给你的客户。

发　票

发票的全称是商业发票，这与国内的财务发票是完全不同的概念，外贸新手一定不要混淆。在进出口贸易中，发票是指在货物装出时，卖方开立的载有货物名称、数量、价格等内容的价目清单，它是买卖双方交接货物和结算货款的主要单证。虽然发票不是物权凭证，但却是全套单据的中心。有了发票，进出口商就可以凭此来核对货物是否符合合同或信用证的规定，所以它是买方的验货依据。同时，发票还是买卖双方的记账凭证，在没有汇票的情况下，发票还可以作为付款的依据。此外，发票还有一个重要作用，就是海关验货、征税、货物放行的凭证。

发票并没有统一的格式，但内容却都基本相同，主要包括：发票编号、开立日期、出口合同号码、信用证号码、收货人名称地址、发货人名称地址、运输标志以及商品名称、规格、数量、包装种类、单价、总值和装运地、目的地等。

一、外贸发票如何填制

（1）发票的抬头：

①一般为买方；

②打公司的全名和地址；

③名称和地址要分行打，通常名称要一行打完，而地址则可以合理分行；

④格式为 TO...；FOR ACCOUNT OF...；TO THE ORDER OF...；TO MESSERS...。

(2) 发票出票人名称和地址，一般印制在发票的正上方，且必须与信用证中受益人一致。

(3) 装运工具及起讫地点，包括装运港、目的港、转运港，且要有英文表示，如 FROM...TO...。

> **小贴士** 对港澳地区出口时习惯使用联合发票，其内容可以包括商业发票、装箱单、重量单、产地证和保险单的内容等，但商检证书不包括在内，而是由商检部门单独出具。另外，联合发票目前在国际贸易中并没有得到公众及法律上的承认，而且使用也不广泛，一般仅限于出口港澳地区时使用。

(4) 单据名称常用（COMMERCIAL）INVOECE，要与信用证保持一致，不能是 COMBINED INVOECE。

二、缮制发票需要注意的细节

在外贸实践中，总免不了要缮制发票，虽然缮制发票有具体的要求，但还需要注意一些细节，比如：

(1) 发票的签发日期不需要太早，可以晚于提单日期，但不要晚于议付日期和汇票日期。

(2) 价格是发票内容的关键，包括单价与总额。单价又包括计价货币、计价单位、单位数额和贸易术语四个部分，比如 USD42.50 PER PC FOB HONGKONG。当然，在实际的操作中，你也可能会遇到计价货币与合同中规定的总值货币不符的情况，这时你需要先按照计价货币算出货款总值，然后再折合成合同规定的币值。

(3) 如果发票中涉及佣金、折扣，那么你需要在发票中注明，并且一

定要注意用词的准确。

（4）因为规格不同，商品的单价也会不同，对此，发票中应清清楚楚地将数字表达出来，每一品种的金额都要做一个累计，最后对发票的总金额再做一个总计。

（5）发票中总金额用大写和小写填写，且金额要相符。

（6）发票金额不能超过信用证金额，如果超出，那么你就必须将超出信用证的部分减掉另作托收。当然，如果信用证有特别规定的除外。

（7）信用证上可能会有一些特别要求，这些要求应在发票中注明；另外，如果信用证上规定在发票上注明包括运输船名、货物原产地、信用证号、进口许可证号以及其他特殊条款的，均应照办。

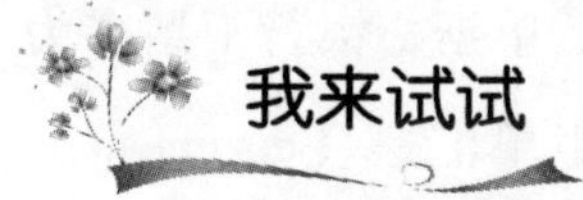

我来试试

根据“发票”中的实训项目所给出的信用证及修改后的内容缮制一份商业发票。

汇　票

汇票（Bill of Exchange/Postal Order/Draft）是由出票人签发的，要求付款人在见票时或在一定期限内，向收款人或持票人无条件支付一定款项的票据。在国际结算中，汇票是使用最广泛的一种信用工具，所以，外贸人员，特别是外贸新手一定要掌握。

一、汇票的分类

根据不同的分类标准，汇票可以分为不同的类别，如：

1. 按出票人不同，可分为银行汇票、商业汇票

银行汇票（banker's draft）是出票人和付款人均为银行的汇票；商业汇票（commercial draft）是出票人为企业法人、公司、商号或者个人，付款人为其他商号、个人或者银行的汇票。

> **小贴士** 国际贸易中，主要使用的是跟单汇票。跟单汇票需要附带提单、保险单、装箱单、商业发票等单据，才能进行付款。当然，商业汇票多为跟单汇票。若为D/D、D/P、D/A和L/C支付时常会用到汇票，但作托收时则有时需要有时不需要，比如做D/P at sight时就无须出具汇票。在信用证下通常是作为议付单据的一部分，但若为即期信用证，则可用可不用。

2. 按有无附属单据，可分为光票汇票、跟单汇票

光票汇票（clena bill）本身不附带货运单据，银行汇票多为光票；而跟单汇票（documentary bill）又称信用汇票、押汇汇票，是需要附带提单、仓单、保险单、装箱单、商业发票等单据，才能进行付款的汇票。商业汇票多为跟单汇票，在国际贸易中经常使用。

3. 按付款时间不同，可分为即期汇票、远期汇票

即期汇票（sight bill，demand bill）指持票人向付款人提示后对方立即付款；而远期汇票（time bill，usance bill）是在出票一定期限后或特定日期付款。在远期汇票中，记载一定的日期为到期日，于到期日付款的，为定期汇票；记载于出票日后一定期间付款的，为计期汇票；记载于见票后一定期间付款的，为注期汇票；将票面金额划为几份，并分别制定到期日的，为分期付款汇票。

4. 按承兑人不同，可分为商号承兑汇票、银行承兑汇票

商号承兑汇票（commercial acceptance bill）是以银行以外的任何商号或个人为承兑人的远期汇票；银行承兑汇票（banker's acceptance bill）是

银行的远期汇票。

二、汇票的必备内容和制单要点

（1）汇票编号。根据发票号码填写，或填写“AS PER INVOICE”。

（2）地点和日期。汇票的出票日期和出票地点。

（3）金额（Amount in Figures of Draft）。填写托收总金额，应在“Exchange for”后顶格填写，由货币名称的缩写和小写金额数字构成（金额数保留至小数点后两位，货币名称应与发票一致）。例如：USD 7200. 00，STG 3600. 00，DM 7500. 00，JPY 4620. 00。

（4）付款期限和方式（Tenor and Mode of Payment）。有三种填制方法：即期付款交单、远期付款交单、承兑交单。即期付款交单（D/P at sight）方式下，在“at”与“sight”之间画虚线（或用“＊”，或“×”表示），在“at”前加上“D/P”，即“D/P at... sight”。远期付款交单（D/P after sight）方式下，在“at”前加上“D/P”，在“at”与“sight”之间填上××days after，即“D/P at... sight”。承兑交单（D/A）：即“D/A at ××days after sight”。汇票有两联，第一联与第二联除在付款期限后的一句话不同外，其他内容是相同的。第一联规定“At... sight of this first of exchange”(Second of the same tenor)，“At... sight of this second of exchange”（First of the and date unpaid)，第二联则规定“ same tenor and date unpaid”。即所谓“付一不付二，付二不付一”，意指支付了第一联则不付第二联，支付了第二联则不付第一联。

（5）收受款人（又称抬头人或受款人 Payee）。通常有三种写法：a. 限制性抬头，填写“pay to... company only”或“pay to... not transferable”，这种汇票不能背书转让。b. 指示性抬头，填写“pay to the order of...”这种汇票背书后可以转让。c. 来人抬头，又称持票人抬头，即付款给汇票持有者。如：“Pay to bearer”，付款人通常是银行。以下是中国主要银行：中国银行、中国工商银行、中国建设银行、中国农业银行。托收方式下的汇票受款人一般使用指示性抬头，即以托收行（Remitting Bank）为受款人。这种方式不用背书就可转让，风险较大，现已很少使用。

（6）汇票大写金额（Amount in Words of Draft）。用大写字母和货币填写，与（3）保持一致，应在“the sum of”后小写金额，使用英文大写数字填写金额，大写金额前冠以货币全称，并且全称应以复数形式出现，句末加上“Only”（整），否则银行拒绝付款。例如：SAY U. S. Dollars SEVEN THOUSAND TWO HUNDRED ONLY，SAY POUND STERLING THREE THOUSAND SIX HUNDREND ONLY，SAY DEUTSCHE MARK SEVEN THOUSAND FIVE HUNDREN ONLY，SAY JAPANESE YEN FOUR THOUSAND SIX HUNDRED AND TWENTY ONLY. 大写金额的小数点以下的辅币的表示方法，以 0. 75 美元为例，有以下几种写法：a. CENTS SEVENTY FIVE ONLY. b. . . . AND 75% ONLY. c. . . . AND 75/100 ONLY。

（7）出票条款（Drawn Clause）。如果采用信用证支付方式，一般应列明某日某行某信用证，如“Drawn under × × ×Bank L/C NO. × × ×dated × × ×”。如果采用托收，则填写“For collection”。

（8）付款人（Drawee）。汇票左上角的“TO”栏，通常是开证行或进口商（须列明详细名、址）。

（9）出票人签字（Signature of the Drawer）。在托收方式下出票人是委托人，在信用证方式下是受益人。出票人应完全符合信用证的规定。没有出票人签字和盖章的汇票是无效的。

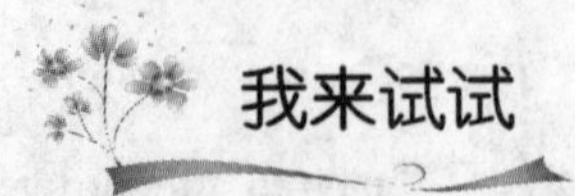

我来试试

项目情境：有一份国外来证，证内有如下条款（受益人为畜产品出口公司）：

... beneficiaries' draft on A. B. C. Bank in duplicate at sight drawn to the order of Algemene Bank, Netherland.

我的任务：分析开出的汇票是即期的还是远期的？出票人、受票人和收款人分别是谁？

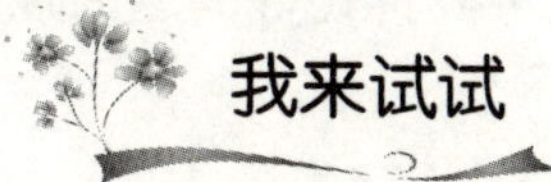

我来试试

项目情境：仔细阅读下面三种汇票抬头：

1. ... pay to Smith Co., Ltd. only.

2. ... pay to the order of Smith Co., Ltd.

3. ... pay to bearer.

我的任务：分析上述哪种汇票可以转让？转让时需要什么手续？

我来试试

根据本书“发票”已经修改的信用证和“汇票”制作的发票等，缮制一份商业汇票。

提　单

提单是代表货物所有权的证明，是卖方提供的各项单据中的核心单据。由于运输方式不同，提单也不一样，可大致分为空运提单、海运提单及其他。但在外贸实务中以海运提单最为常见，空运提单次之，其他提单则更为少见。因此，这里我们讲的提单通常是指海运提单。这种提单是由船长或船公司或其代理人签发的、证明已收到货物，统一将货物运至指定目的地并交付给收货人的凭证。同时，提单上的所有条款都是表明承运人与托运人以及其他关系人之间承运货物的权利、义务、责任与免责的条款，是解决他们之间争议的重要依据。

一、提单的内容

提单的内容分为正反两个方面，正面是关于货物本身、相关人及运输等具体项目，反面是具体的运输条款、各方责任义务及诉讼等问题的规定。下面先来介绍提单正面的有关内容及填制方法：

（1）提单编号（B/L No）：通常列在提单右上角，以便于工作联系和查核。另外，当发货人向收货人发送装船通知（Shipment Advice）时，也需写明船名和提单编号。

（2）托运人（Shipper）：托运人通常就是信用证中的受益人，也就是出口商，在填写托运人时要写明其名称、地址，必要时也可填写代码。

（3）收货人（Consignee）：包括收货人的名称、地址，必要时可填写电话、传真或代码。如果要求记名提单，那么在“收货人”一栏可填上具体的收货人的名称；如为指示提单，则填为“To order”或“To order of ×××”。

（4）通知方（Notify Party）：货物到达目的港时船公司需要发送到货通知，到货通知的收件人就是通知方，通知方一般为预定的收货人或收货人的代理人。对于这一栏的填写可有以下几种情况：

①对于信用证项下的提单，如果信用证上明确规定了提单通知方，则须严格按信用证要求填写。

②如果是记名提单或收货人指示提单，且收货人又有详细地址的，此栏可不填。

③如果是空白指示提单或托运人指示提单，则此栏须填写通知方的名称与详细地址，否则船方将无法与收货人联系，收货人将不能及时报关提货。

（5）船名（Name of Vessel）：填写装运货物的船名及航次，如果是已

装船提单，须填写船名；如果是待运提单，那么待货物实际装船完毕后需记载船名。

（6）接货地（Place of Receipt）：此栏在多式联运方式下填写，表明承运人接收到货物的地点，其运输条款可以是：门—门、门—场、门—站。

（7）装货港（Port of Loading）：即实际装船港口的具体名称。

（8）卸货港（Port of Discharge）：即实际卸下货物的港口的具体名称（FOB价格条件下除外）。如果运输中需中途转船，则第一程提单上的卸货港填转船港，收货人填二程船公司；相应地，第二程提单上的装货港应填写上述转船港，卸货港则填最后的目的港，如由第一程船公司签发联运提单（Through B/L），则卸货港可填写最后目的港，并在提单上列明第一和第二船名。如经某港转运，要显示"via××"字样。填写此栏要注意同名港口问题，如世界多个地方有同名港口，则必须加注国名。另外，如属选择港提单，要在此栏中注明。

（9）交货地（Place of Delivery）：此栏在多式联运方式下填写，用以表明承运人交付货物的地点，其运输条款可以是：门—门、场—门、站—门。

（10）货名（Description of Goods）：在信用证项下，货名必须与信用证上规定的货名一致。

（11）件数和包装种类（Number and kind of Package）：按箱子的实际包装情况填写。如果是集装箱整箱运输，此栏通常填写集装箱的数量、型号（如：1×20FT DC）；如果是拼箱运输，此栏应填写货物件数（如：10 Cases machinery）。

（12）唛头（Shipping Marks）：如果信用证上有规定，则必须按规定填写；如果信用证上没有规定，可按发票上的唛头填写。

（13）毛重、尺码（Gross Weight、Measurement）：信用证上有规定的，必须按规定填写；若没有，一般以公斤为单位列出货物的毛重、以立方米列出货物的体积。

（14）运费与费用（Freight and Charges）：一般为预付（Freight Prepaid）或到付（Freight Collect）。如为 CIF 或 CFR 出口，须填上“PREPAID”字样，否则收货人会因为运费未清问题而晚提货或提不到货。如为 FOB 出口，则应有“COLLECT”字样显示，除非收货人委托发货人垫付运费。

（15）温度指示（Temperature Control Instructions）：如果为冷藏箱运输，会有温度要求，但应尽量避免标明具体温度。

（16）提单的签发地点、日期和份数（Place and date of issue，number of original B（S）/L）：提单签发的地点，原则上是装货地点或承运人收受货物的地点；提单的签发日期应该是提单上所列货物实际装船完毕的日期，且应与收货单上大副所签发的日期相一致。另外，提单签发的日期应不得晚于信用证规定的装运期，否则出口商会无法收到货款；提单份数通常按信用证要求出具，如“Full Set of”，一般理解为正本提单一式三份，效力相等，收货人凭其中任何一份都可以提取货物，提取货物后，其他各份自动失效。副本提单的份数可视托运人的需要而定，但不能作为提货凭证，只能用于参考。

（17）提单签发人签字（Signed for the Carrier）：承运人或船长，或其授权的代理人签字或盖章，并应明确表明签发人身份。

二、提单的种类

对于外贸新手来说，一说到提单的种类就会有点发蒙，原因是提单的种类实在是太多了。其实，要想弄清提单的种类，并不是靠死记硬背，而是要讲究方法的。如果我们根据不同的标准来给提单分类，就很清晰了。在外贸实践中，提单的分类常有以下几种标准：

1. 按提单收货人的抬头划分

（1）记名提单（Straight B/L）。记名提单又称收货人抬头提单，是指提单上的收货人栏中已具体填写收货人名称的提单。

（2）指示提单（Order B/L）。在提单正面“收货人”一栏内填上“凭指示”（To order）或“凭某人指示”（Order of...）字样的提单。

（3）不记名提单（Bearer B/L，or Open B/L，or Blank B/L）。提单上收货人一栏内没有指明任何收货人，而是注明“提单持有人”（Bearer）字样或将这一栏空白，不填写任何人名称的提单。

2. 按货物是否已装船划分

（1）已装船提单（Shipped B/L，or On Board B/L）。是指货物装船后由承运人或其授权代理人根据大副收据签发给托运人的提单。

（2）收货待运提单（Received for Shipment B/L）。收货待运提单又称备运提单、待装提单，或简称待运提单。它是承运人在收到托运人交来的货物但还没有装船时，应托运人的要求而签发的提单。

3. 按提单上有无批注划分

（1）清洁提单（Clean B/L）。在装船时，货物外表状况良好，承运人在签发提单时，未在提单上加注任何有关货物残损、包装不良、件数、重量和体积，或其他妨碍结汇的批注的提单称为清洁提单。

（2）不清洁提单（Unclean B/L or Foul B/L）。在货物装船时，承运人若发现货物包装不牢、破残、渗漏、玷污、标志不清等现象时，将在收货单上对此加以批注，并将此批注转移到提单上，这种提单称为不清洁提单。

4. 根据运输方式的不同划分

（1）直达提单（Direct B/L）。直达提单又称直运提单，是指货物从装货港装船后，中途不经转船，直接运至目的港卸船交与收货人的提单。

（2）转船提单（Transhipment B/L）。转船提单是指货物从起运港装载的船舶不直接驶往目的港，需要在中途港口换装其他船舶转运至目的港卸货，承运人签发的这种提单称为转船提单。

（3）联运提单（Through B/L）。联运提单是指货物运输需经两种或两种以上的运输方式来完成，如海陆、海空或海海等联合运输所使用的提单。

（4）多式联运提单（MultimodaL Transport B/L，or Intermodal Transport B/L）。是指一批货物需要经过两种以上不同运输方式，其中一种是海上运输方式，由一个承运人负责全程运输，负责将货物从接收地运至目的地交付收货人，并收取全程运费所签发的提单。

5. 按提单内容的简繁划分

（1）全式提单（Long Form B/L）。全式提单是指提单除正面印就的提单格式所记载的事项，背面列有关于承运人与托运人及收货人之间权利、义务等详细条款的提单。

（2）简式提单（Short Form B/L，or Simple B/L）。简式提单又称短式提单、略式提单，是相对于全式提单而言的，是指提单背面没有关于承运人与托运人及收货人之间的权利、义务等详细条款的提单。

6. 按签发提单的时间划分

（1）倒签提单（Anti－dated B/L）。倒签提单是指承运人或其代理人应托运人的要求，在货物装船完毕后，以早于货物实际装船日期为签发日期的提单。

（2）预借提单（Advanced B/L）。预借提单是指货物尚未装船或尚未装船完毕的情况下，信用证规定的结汇期（即信用证的有效期）即将届满，托运人为了能及时结汇，而要求承运人或其代理人提前签发的已装船清洁提单，即托运人为了能及时结汇而从承运人那里借用的已装船清洁提单。

（3）过期提单（Stale B/L）。过期提单有两种含义：一是指出口商在装船后延滞过久才交到银行议付的提单；二是指提单晚于货物到达目的

港，这种提单也称为过期提单。因此，近洋国家的贸易合同一般都规定有“过期提单也可接受”的条款（Stale B/L is Acceptance）。

7. 按收费方式划分

（1）运费预付提单（Freight Prepaid B/L）。成交CIF、CFR价格条件为运费预付，按规定，货物托运时必须预付运费。在运费预付情况下出具的提单称为运费预付提单。

（2）运费到付提单（Freihgt to Collect B/L）。以FOB条件成交的货物，不论是买方订舱还是买方委托卖方订舱，运费均为到付（Freight Payable at Destinaiion），并在提单上注明“运费到付”字样，这种提单称为运费到付提单。

（3）最低运费提单（Minimum B/L）。最低运费提单是指对每一提单上的货物按起码收费标准收取运费所签发的提单。

8. 其他各种特殊提单

（1）运输代理行提单（House B/L）。运输代理行提单是指由运输代理人签发的提单。

（2）合并提单（Omnibus B/L）。合并提单是指根据托运人的要求，将同一船舶装运的同一装货港、同一卸货港、同一收货人的两批或两批以上相同或不同的货物合并签发一份提单。

（3）并装提单（Combined B/L）。这是将两批或两批以上品种、质量、装货港和卸货港相同，但分属于不同收货人的液体散装货物并装于同一液体货舱内，而分别为每批货物的收货人签发一份提单时，其上加盖有“并装条款”印章的提单，称为并装提单。

（4）分提单（Separte B/L）。是指承运人依照托运人的要求，将本来属于同一装货单上其标志、货种、等级均相同的同一批货物，托运人为了在目的港使收货人提货方便，分开签多份提单，分属于几个收货人，这种提单称为分提单。

（5）交换提单（Switch B/L）。是指在直达运输的条件下，应托运人的要求，承运人承诺，在某一约定的中途港凭在起运港签发的提单另换发一套以该中途港为起运港，但仍以原来的托运人为托运人的提单，并注明“在中途港收回本提单，另换发以该中途港为起运港的提单”或“Switch B/L”字样的提单。

（6）舱面货提单（On Deck B/L）。舱面货提单又称甲板货提单，是指货物装于露天甲板上承运时，并于提单注明“装于舱面”（On Deck）字样的提单。

（7）包裹提单（Parcel Receipt B/L）。是指货物以包裹寄送方式装船出运的提单。

（8）集装箱提单（Container B/L）。集装箱提单是集装箱货物运输下主要的货运单据，负责集装箱运输的经营人或其代理人，在收到集装箱货物后而签发给托运人的提单。

三、电放提单

电放提单，是指船公司或其代理人签发的注有“Surrendered”或“Telex Release”字样的提单、提单副本。而其中的“电放”，其实就是电报放货的简称。

提单的正常流转是以其能在货物到达目的港之前到达收货人手中为前提的，这在过去不难解决。但随着国际集装箱运输的普及以及各种运输技术的提高，货物装卸速度加快，航行时间也在不断缩短，但提单的流转速度却仍然“故步自封”，需要经历多次背书、结汇、检查、邮寄等环节，这就不可避免地产生了“货等单”的矛盾，尤其在近洋运输中更加突出。为了解决这一矛盾，在船公司收取货物后，托运人（卖方）向船公司提出电放申请并提供保函，船公司接受申请后向托运人签发“电放提单”（在已经签发传统提单的情况下，则在收回以后再签发“电放提单”）；船公司

之后马上以电讯方式（如电报、电传等）通知目的港船代，允许收货人凭身份或者自己盖章后的“电放提单”传真件提货。

从表面上看，电放提单似乎很好地解决了“货等单”的问题，但在实际应用中，这种方法并不是安全之策，因为电放提单以相关当事人充分配合、善意行事为前提。俗话说“人心隔肚皮”，我们没有办法完全保证当事人都能够充分配合和善意行事，而相关的国际公约和国内立法中都没有对“电放提单”加以规范，所以有关当事人之间的权利义务也并不明确，一旦“电放提单”没有顺利完成，就很容易导致纠纷的产生。所以，对于外贸新手来说，这一点要尤其注意。

> **小贴士** 国际贸易中，提单丢失或提单过期的情况也时有发生。通常可以这样处理：
>
> • 出口方要求在信用证中列明可以接受国企提单的条款。
>
> • 进口方交一定的保证金给进口地银行，请其开出银行保函，船公司凭银行保函将有关货物先行交给进口方，该银行收到正本提单后，再将正本提单补交给船公司。
>
> • 改作电放。

四、谨慎对待记名提单和第三者提单

在实际的外贸操作中，有两种提单必须要谨慎使用，一种是记名提单，另一种是第三者提单。

在很多国家，记名提单的收货人可以不凭正本提单而仅凭“到货通知”上的背书和收货人的身份证明即可提货。比如美国的惯常做法是：货物到港之后，承运人在未得到发货人的相反异议的情况下，可以在收货人未提供正本提单的情况下，将货物交给提单记名的收货人。这种情况下，提单实际上已经失去了无权凭证的作用。所以，对于外贸新手来说一定要慎用。如果信用证要求记名提单，最好要求改证。如果客户坚持使用记名提单，则一定要弄清楚原委，了解运输业务所涉及的对记名提单无权凭证属性的法律规定。

所谓第三者提单就是提单上的托运人是与信用证受益人无关的第三者的提单。在采用这种方式时，发货人处于被动位置，因为托运人或其买主往往并不关心货物和货款的得失，甚至可能会产生交单后，托运人破产倒闭或托运人到期不赎单的情况。所以，一定要慎用。

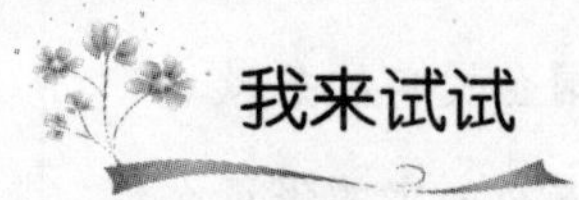

我来试试

项目情境：我国利达公司向德国某公司出口冷冻商品1000箱，合同规定1~5月按同等数量装运，每月200箱，凭不可撤销即期信用证付款。德商按时开来信用证，我方在1~3月份交货正常并顺利结汇。但4月份时由于船期延误，导致5月6日才装运出口，而海运提单则倒签为4月30日，并送银行议付，议付行未发现问题。5月10日，利达公司又同船装运200箱运往目的地，开局的提单为5月10日。但进口商在取单时发现问题，拒绝收货。

我的任务：分析我方的失误在哪里？进口商为何拒绝收货并拒付？

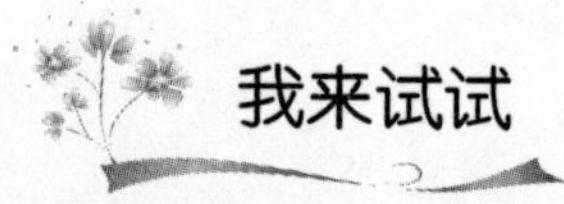

我来试试

根据本书“发票”中修改好的信用证、“汇票”制作的商业发票以及货物的实际发运信息缮制海运提单。

附　　　　　　货物的实际发运信息

品　名	全面男士夹克
数量	4500件
装箱率	10件/纸箱
纸箱重量	毛重10千克/箱，净重9千克/箱
纸箱尺寸	45cm×45cm×58cm

海运单

海运单的英文名称应该是Sea Waybill，它是一种放货方式，在外贸实际中的应用也有逐渐加大的趋势。海运单的应用之所以会逐渐受到青睐，可能与其方便快捷的特点有关，海运单不能背书，收货人无需凭海运单，只需要出示适当的身份证明就可以提取货物，所以即便海运单延迟到达、丢失等都不会对收货人提货造成影响，并且还能够避免错误交货的发生。当然，有利就有弊，海运单的使用虽然给交易带来方便，但同时它也是一种风险较大的放货方式。很简单，比如你是发货人，如果还没有收齐货款，而货物就已经被提走，那么你就有可能面临钱货两空的危险；而对船公司来说，也可能有运费还未收到而货物已被提走的风险。

一、使用海运单的好处和宜用海运单的情况

由于操作中仅仅涉及托运人、承运人和收货人三方，所以海运单操作方便简单，十分有利于货物的转移。另外，在使用海运单时，收货人可以不用出示海运单，仅凭身份证明就可以提货，这样一来就同时解决了近洋海运货物已到而提单未到，以及延期提货产生的滞期费、仓储费等问题，还可以避免提单遗失所产生的后果。由于海运单是一种安全凭证，不可转让、不能流通，因此也减少了不法之人伪造提单，影响正常贸易的可能。

虽然海运单有很多好处，但它的使用也有其适合的情况，通常以下情况最适合使用海运单：

（1）买方已经付清全部货款；

（2）收货人和发货人的贸易合作已经很久，双方能够充分信任；

（3）交易的一方是另一方的分支机构，或者交易双方是同一家公司的下属公司；

（4）货物通常比提单更早到达的短途海运；

（5）没有资金风险的私人物品，或用于商业用途的样品等。

二、海运单和提单的区别和联系

我们知道，提单大多数时候指的是海运提单，而海运提单与海运单虽然只有一字之差，但却有着诸多的不同。当然，二者之间也有许多共同点。

（1）提单是货物收据、运输合同的证明，更重要的是，它还是物权凭证；而海运单则仅仅具有货物收据和运输合同两种性质，不能作为物权凭证。

（2）上面我们提到，提单可以是指示抬头形式，可以背书、流通、转让；但海运单却是非流动性单据，在海运单上标明了确定的收货人，所以不能转让和流通。

（3）海运单和提单都可以作成“已装船”（Shippedon board）形式，也可以是“收妥备运”（Received for shipment）的形式。此外，海运单的正面各栏目的格式和缮制方法与海运提单基本相同，唯一不同的是海运单的收货人栏不能做成指示性抬头，而是应缮制确定的具体收货人。

（4）提单的合法持有人和承运人需凭提单提货和交货，而海运单上的收货人则无须出示海运单，仅凭提货通知或其身份证明就可以提货。

（5）提单的形式有全式和简式之分，而海运单则只有简式单证，其背面不列详细货运条款，但载有一条“可援用海运提单背面内容”的条款。

（6）海运单和记名提单（Straight B/L）有着更多的相似之处，即二者都具有收货人，不作背书转让。目前，我国法律对于记名提单还是当作提单来看，也就是说，它仍然具有无权凭证的作用。但从事实来看，记名提单并不具备物权凭证的性质。所以，有些国家收货人提货需要出具记名提单，但有些国家，如美国，只要能证明收货人身份也可以提货。这种情况

下，记名提单在提货时和海运单无异。但是海运单并不经过银行环节，这一点与记名提单不同。

我来试试

由于海运单具有其特殊性，所以在使用中需要考虑很多法律问题，试分析：

1. 调整海上货物运输合同的汉堡规则以及调整提单法律问题的海牙规则、海牙—维斯比规则是否适用于海运单？

2. 海运单规则规定：托运人不仅为其自身利益，同时也作为收货人的代理人，为收货人的利益订立运输合同。那么，收货人能否依据海运单向承运人主张权利并承担义务？

3. 在使用海运单的情况下，托运人是否有权在承运人向收货人交付货物之前的任何时候书面变更收货人？

House B/L 与 FCR

House B/L 即货代提单，这一概念是相对于传动提单而言的。而传动提单就是指船公司签发的提单，也叫主单；与此相对，货代提单也叫分单，一般是指无船承运人签发的提单。不过，广义的货代提单也可以理解为不是无船承运人的货运代理人签发的提单。

货代提单的应用十分广泛，比如在拼箱货中，船公司不愿意接受拼箱货订舱的情况下，货主如果出拼箱货，就只能找货代。货代把几个客户的小货合起来拼一个集装箱到同一个目的港，并分别出几份分单给相应的客户，货代的目的港代理会以收货人的身份把这个集装箱提出来，然后客户在目的港凭借分单付清相关费用并提取属于自己的货物。

另外，如果发货人要求一条龙服务，而船公司只负责把货物运到目的港。这时，货代就要出分单，主单的收货人是目的港的代理，由目的港代理负责目的港清关提货并将货物送达收货人手中。目前流行的“门到门”服务就是如此。这种服务的应用现在越来越广泛，其原因就在于只要客户告知货代货物在哪里，运往的目的地是哪里，货代就能很好地完成一条龙服务。

当客户要求的内容不能在船东单上体现时，也需要找货代。比如倒签，多数船公司对此都十分谨慎，不是万不得已都不会采用。当客户通过货代向船公司订舱，倒签的要求被船公司拒绝后，就可以考虑要货代出倒签的 House Bill。当然，这样做的前提是 House Bill 能够满足接回的需要，也就是说收货人和银行接受 House Bill。

不管怎样，出分单可以说是货代之间合作走向国际化的一种表现，也是货代行业逐步完善和更好地满足客户的一种表现。

那么，House B/L 与 FCR 究竟有什么关系呢？如果你经常向马士基旗下的物流公司——马士基物流订舱的话，那么对 FCR 一定不陌生。没错，FCR 是承运货物收据，是货代收到托运货物时给托运人签发的收据，通常只出现在 FOB 条款下。我们可以以马士基物流为例：马士基物流是无船承运人 NVOCC，主要负责接受出货人的委托向船公司（主要是向马士基船公司）订舱，并签发 FCR 和 House B/L 给客人，至于从马士基物流领取 FCR 还是 House B/L，则需要按照其余发货人或收货人签订的订货合同来决定。

FCR 仅仅是一种货物收据，如果是用 FCR 代替提单的运输方式，承运人只有运输货物到目的地的义务，承运人可以将货物直接交给收货人，这样做并不违法，也不违约。如果是用 FCR 作为运输单据，那么进口商一般为大买家，他们多具有良好的信誉，出现纠纷的情况较少，因此运用也较为广泛。

我来试试

项目情境： 上海某公司接受了一张客户的银行开出的信用证，其中包括了这样两个条件：一是指定提交某货代提单；二是要求客检证正本由客户手签，签名必须与客户在银行的留底一致。该公司制妥所有单据，赶在提单日后的第21天向议付行交单。整套单据毫无纰漏，但客户签字与银行留底不符。该公司立刻与客户联系，但始终联系不上，于是去找货物，却发现货物早就被货代在目的港的代理提走，而此时货代也没了踪迹。

我的任务： 这种情况能不能要求船公司（实际承运人）赔偿呢？

第3节　了解外贸结算方式

了解最常用的结算方式

结算方式就是付款方式，这对买方和卖方都是涉及真金白银的关键步骤。所以，外贸人员一定要对几种常见的结算方式了然于胸，以便在实践中合理运用。一般来说，在对外贸易中有三种最常用的结算方式，即汇款、托收和信用证。

一、汇款

汇款也叫汇付，主要包括电汇、票汇和信汇三种方式。其中，由于电汇具有手续简便、到账迅速、手续费用低廉等优点，所以最受欢迎。

电汇即T/T（Telegraphic Transfer）方式，是指汇出行根据汇款人的要求以电信的方式委托汇入行向收款人付款的结算方式。其业务流程是：先由汇款人电汇申请书并交款付费给汇出行，再由汇出行拍加押电报或电传给汇入行，汇入行给收款人电汇通知书，收款人接到通知后去银行兑付，银行进行解付，解付完毕汇入行发出借记通知书给汇出行，同时汇出行给汇款人电汇回执。在实际对外贸易中我们常会发现，电汇也有几种方式：首先是100%前TT，这种方式很少见，如果你的客人在下单时给你100%TT，那么他应该是老客人或者金额比较小，否则你绝对不会这么轻易撞上这种运气；其次是100%后TT，这个有一定的风险性，如果你答应客人的这种要求，那么你就陷入了被动，此时付不付款全要靠客人的信用，所以除非是老客人，否则不要轻易尝试；最后是30%前TT（作定金），70%后TT，这种方式由于双方都有一定的主动性，因此也最为盛行。

票汇是汇出行根据汇款人的申请，代汇款人开立以其分行或代理行为解付行的银行即期汇票（Banker's Demand Draft D/D）支付一定金额给收款人的一种汇款方式。目前票汇的应用并不十分广泛，而信汇现在已经很少使用，故不做讲述。

无论哪种汇款方式结算都可以是货到付款，也可以是预付货款，二者都会将风险和资金负担集中或偏重于一方，所以汇款方式最适合那些对对方资质、信用情况充分了解和信任的情况。

二、托收

托收（Collection）是出口方委托银行向进口方收取货款的一种结算方式。其基本做法是出口方先行发货，然后备妥包括运输单据（通常是海运提单）在内的货运单据并开出汇票，把全套跟单汇票交出口地银行（托收行），委托其通过进口地的分行或代理行（代收行）向进口方收取货款。

托收业务的一般流程如图5所示：

托收又有跟单托收和光票托收两种方式，在外贸中使用较多的是跟单

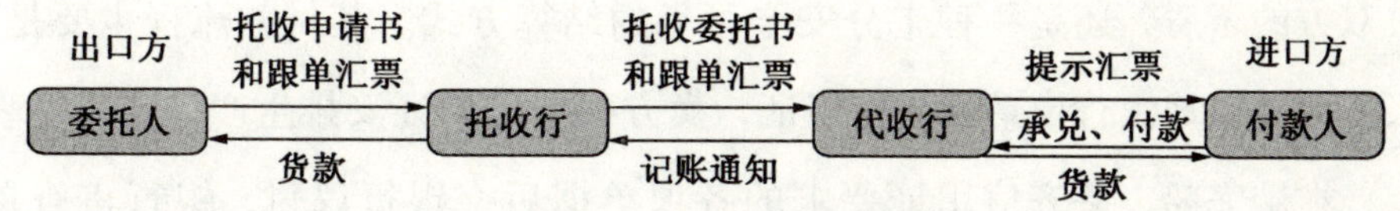

图5 托收业务的一般流程

托收，即汇票连同商业单据向进口行收取款项的托收方式，当然，有时候不开汇票，只拿商业单据委托银行代收。跟单托收又有两种交单方式：一种是付款交单（D/P），另一种是承兑交单（D/A）。

①付款交单，即交单以付款为条件。比如你是出口方，那么你在委托银行收款时，可以指示银行只有在付款人（进口方）付清货款时，才能向其交出货运单据。如果你按合同规定日期发货后，开具即期汇票（或不开汇票）连同全套货运单据，委托银行向进口方提示，进口方见票（和单据）后立即付款，银行在其付清货款后交出货运单据，则是即期付款交单（D/P Sight）；如果你按合同规定日期发货后，开具远期汇票连同全套货运单据，委托银行向进口人提示，进口方审单无误后在汇票上承兑，于汇票到期日付清货款，然后从银行处取得货运单据，则为远期付款交单（D/P after Sight）。

远期付款交单和即期付款交单的交单条件具有相同的条件，也就是买方不付款就不能取得代表货物所有权的单据，所以对于卖方来说，所承担的风险责任并无变化。

②承兑交单（D/A）。承兑交单指出口方发运货物后开具远期汇票，连同货运单据委托银行办理托收，并明确指示银行，进口人在汇票上承兑后即可领取全套货运单据，待汇票到期日再付清货款。

三、信用证

信用证付款是外贸企业最为常用的一种结算方式，不仅可以避免进出口双方的矛盾，还是一种十分安全可靠的结算方式。其付款流程主要是：买方向进口地银行申请开立信用证，卖方根据信用证安排生产、装船等事宜，在装完船、备齐信用证要求的各项单据后交银行议付，银行审查单据，只要单据与信用证的要求相符，即履行付款责任。

除以上三种常用的结算方式外，在外贸活动中还有COD、CAD、OA和国际保理等方式。虽然并不是十分常用，但也要有所了解。

COD，即Cash on Delivery，意思是货到付款，交货付现，是支付方式的一种。

CAD，即Cash Against Documents，意思是交单付现，就是凭单据付现款。在这种付款方式下，卖方将提单等单据交给买方或买方代理人，并验证无误后，买方即将货款支付给卖方或其代理人。在外贸实践中，也有人认为CAD是指买方付款后，卖方交单；另外，还有人把CAD当做D/P at Sight. CAD，所以，如果你打算采用CAD的方式结算，那么最好事先与卖方澄清具体定义，以免日后惹麻烦。

O/A，即Open Account，就是赊销的意思，这种方式对于卖方来说风险太大，所以尽量不要采用。

国际理保，又称承购应收账款，是继信用证、托收、汇付之后出现的一种新型的国际贸易结算方式。这种付款方式是指在以商业信用出口货物时（如以D/A作为付款方式），出口商交货后把应收账款的发票和装运单据转让给保理商，即可取得应收取的大部分货款，日后一旦发生进口商不付或逾期付款，则由保理商承担付款责任。在保理业务中，保理商承担第一付款责任。国际保理业务能够很好地解决赊销中出口方所面临的资金占压和进口方信用风险问题，因此近年来在世界各地广泛使用，但在我国使用得还不多。

我来试试

1. 下列属于汇付法结算方式的是（ ）。

A. 票汇 B. 信用证 C. 非贸易的支票托收 D. 跟单托收

2. 托收方式下的 D/P 和 D/A 的主要区别是（ ）。

A. D/P 属于跟单托收，D/A 属于汇票托收

B. D/P 是付款后交单，D/A 是承兑后交单

C. D/P 属于即期付款，D/A 属于远期付款

D. D/P 属于远期付款，D/A 属于即期付款

各种付款方式的安全分析

一般来说，任何一种付款方式对进出口双方都存在一定的风险，但就资金来说，进口方的主动权相对更大，所以下面从出口方的角度来分析常见的付款方式的风险。外贸出口主要的付款方式分为三种，即信用证 L/C、电汇 T/T 和付款交单 D/P，其中 L/C 用得最多，T/T 其次，D/P 较少。

一、信用证 L/C

信用证是目前国际贸易付款方式最常用的一种，它可以说是一份由银行担保付款的 S/C。只要你能够照着这份合同的事项一一照做，提供相应的单据给银行，它就必须把钱付给你。所以从理论上信用证付款是非常保险的方式。但是在实际操作中，信用证有时也可能不那么保险。原因是信用证中可能会存在很难让你做到的软条款，造成人为的不符点。

二、电汇 T/T

这种方式操作简单，可分为前 T/T 和后 T/T。

前 T/T 对于出口方来说是最安全的付款方式，但对进口方来说风险也最大，因此这种方式往往不能得到进口方的认可。所以外贸实践中，更多的是 30% 前 T/T，即部分订金（如 30%），余款见 B/L 传真副本付清。这种方式的安全性也不错，出口方不仅能够先拿到部分订金，在没有收到客户的余款之前，提单会一直在自己手里。即便客户取消订单，不再付余款，由于出口方已经收到部分订金，且货权掌握在自己手里，因此也不会有太大损失。而对于后 T/T，出口方则几乎完全处于被动，所以一般不采用。

三、付款交单 D/P

D/P at Sight 方式下，出口方始终将货权掌握在自己手里，如果客户不付款赎单，银行便会将 B/L 等单据寄还给出口方。货物只能选择转售、退运或拍卖，出口方会承担一定的亏损。

D/P after × ×days，这种付款方式与前者一样，货权也始终掌握在出口方手中。如果客户不付款赎单，银行也会将单据寄还给出口方。但它比前者风险更大，因为货物在进口国当地对方一定日期无人取货，不仅会产生高额的码头费用，还要面临当地海关低价拍卖的风险，那么出口方损失较大。

四、承兑交单 D/A

这种方式比前面的付款交单的风险更大，因为客户不仅可以先拿 B/L 提货，而且当客户不在约定时间内付款，银行也没有付款的责任，这样出口方就可能出现财货两空的局面。

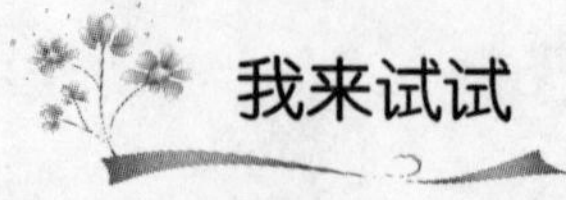

我来试试

项目情境：我国某外贸公司向日本某进口商发盘，其中付款条件为即

期付款交单，对方答复可以，但付款须按以下条件：“付款交单见票后90天”，并通过其指定的某银行代收。一般情况下，货物从我国运至该国最长不超过5天。

我的任务：分析该进口商提出此条件目的何在？

有利于出口方的结算方式

通过前面两节的内容，我们可以知道，越是对出口方有利的结算方式，对进口方就越不利，所以在实际贸易活动中，往往不会采取某种单一的结算方式，而是采取两种或两种以上的方式相结合的方法，这样既对卖方有利，也能够让买方容易接受。比如以下几种结算方式：

（1）30% deposit the balance T/T before delivery：30%订金，余款在出货前电汇付清。

（2）30% T/T as deposit the balance T/T after inspection before delivery：30%电汇订金，余款在验货通过后交货之前电汇付清。

如果客户要求30% T/T as deposit the balance T/T after inspection，那么你需要和客户确认，验货时货物在出口方所在地装船之前，而不能在货物抵达进口国之后。

（3）30% deposit the balance confirmed letter of credit at sight：

> **小贴士** 对外贸新手来说，要清楚相关国家的进出口信誉，比如美国、欧洲、韩日、澳大利亚、新西兰等地相对较好，而印度、尼日利亚的部分进口商则信誉较差。常有人反映，出口印度常会采用先付款30%，余款D/P。但发货后有些印度进口商故意迟迟不买单，一定时间后，海关拍卖，他们再低价买进，给出口商带来巨大损失。所以，一定要对客户情况进行十足的了解，且对于原则性的问题要坚持。

30% 订金，余款作即期保兑 L/C。

（4）30% deposit the balance T/T at sight of B/L copy：30% 订金，余款见提单副本传真件时电汇付清。

信用证付款的操作流程

信用证付款方式是目前进出口贸易中最为普遍的付款方式之一，新手们一定要记牢其操作流程。

一、信用证付款操作流程

买卖双方在贸易合同中需要先规定使用信用证支付方式，之后依次进行下面的流程：

（1）买方通知当地银行（开证行）开立以卖方为受益人的信用证。

（2）开证行请求另一银行通知或保兑信用证。

（3）通知行通知卖方，信用证已开立。

（4）卖方收到信用证，并确保其能履行信用证规定的条件后，即装运货物。

（5）卖方将单据向指定银行提交（该银行可能是开证行，或是信用证内指定的付款、承兑或议付银行）。

（6）该银行按照信用证审核单据，单据符合信用证规定，银行将按信用证规定进行支付、承兑或议付。

（7）开证行以外的银行将单据寄送开证行。

（8）开证行审核单据无误后，以事先约定的形式，对已按照信用证付款、承兑或议付的银行偿付。

（9）开证行在买方付款后交单，然后买方凭单取货。

二、信用证操作中的常见问题

信用证付款虽然比较可靠和安全，但在实际操作中也常会遇到各种问题而对结算造成障碍。

（1）如果信用证项下的单据有不符点而影响结汇怎么办？

单据有不符点是信用证常见问题，此时最好是和进口方协商使其接受不符点并要求进口方请开证行发一个接受不符点单据的通知给出口地议付行，这样议付行在收到通知后就会接受出口方的单据。

（2）采用L/C方式付款，如果进口方在付款前破产，那么出口方会不会收不到货款？

L/C是银行信用，只要向银行提交单证相符的单据就可以收到货款，即便进口方破产也没有关系。有人担心，如果是远期信用证怎么办？其实，就算是远期信用证也一样可以收回货款，只要客户在L/C规定的期限之内取走单据，他就需要立即付款。就算客户一直不取单据，只要你向银行提交的单据没有不符点，银行也要付款给你。当然，有时银行会故意找出一些不符点以拒绝付款，所以对出口方来说一定要严格审核信用证条款，杜绝软条款出现，并确保单据没有不符点。

（3）如果信用证项下是分几次出货的，第一次出货拿提单到银行交单。而信用证只有一份，已经交给了银行，之后的几批货怎么办？

第一次已经把信用证交给了银行，在之后交单时就无须再提交信用证了，你只要提供信用证号就可以了。

（4）有时信用证上已经写好装船日期，并与货代定好开船日期，但货代可能会突然通知说此班船需延迟，这样就可能会导致提单上的日期明显不符，信用证上就会出现不符点，这时要怎么办？

先要问清货代船延期的原因，并将真实情况告知客户，通常客户会给予理解的。处理办法通常有两种：一是更改信用证，二是请客户接受不符点。无论哪种，都一定要征求客户的意见，同客户协商一致后再实行。

我来试试

项目情境：在第二次海湾战争爆发前，我国某公司向新加坡某公司出售价值218万美元的聚乙烯塑料，双方约定，凭不可撤销的即期信用证付款。合同签订后，卖方收到买方开来的信用证，随即按合同规定发运了货物。但海湾战争并没有使石油产品涨价，反而使价格大幅下降。买方收货后称：产品质量有问题，并要求每吨降价200美元，否则拒付货款。卖方发货后向银行交单时，并不存在“不符点”，银行在收单11天后才表示拒收单据和拒付货款。

我的任务：根据上述情况，卖方如果选择向法院起诉，应该起诉银行还是新加坡进口商？

交单结汇

交单结汇其实是两个单独的词，即交单和结汇，下面分别进行讲述。

一、交单

交单是指出口商（信用证受益人）在信用证规定的时间内，按照信用证的规定向银行提交全套单据。这些单据经银行审核无误后，根据信用证条款所规定的付汇方式，由银行办理结汇。

交单需要注意三点：其一，单据的种类和份数要与信用证的规定相符；其二，单据内容正确，包括所用文字与信用证一致；其三，交单时间必须在信用证规定的交单期和有效期之内。

交单方式一般有两种：一种是两次交单或称预审交单，一种是一次交

单。前者是在运输单据签发前，先将其他已备妥的单据交到银行预审，好处是发现问题后能够及时更正，待货物装运后收到运输单据，就可以当天议付并对外寄单了。后者是在全套单据收齐后一次性送交银行，此时货物已经发运。虽然后者少去了一次银行，但也并非一种值得推荐的方法。原因是银行审单后一旦发现不符点就需要退单修改，不仅耗费时日，若不能及时处理还容易造成逾期而影响收汇安全。所以，作为出口商应与银行密切配合，最好采用两次交单方式，加速收汇。

> **小贴士** 议付和出口押汇其实是一回事，对于出口方来说叫出口押汇，而对议付行来说就是议付。

二、结汇

银行对信用证项下的出口单据经审核无误后，按照信用证规定的付汇条件，将外汇结付给出口企业。我国出口业务中，主要结汇方式如下。

1. 议付信用证

议付也叫出口押汇，是指银行收取单据作为质押，按汇票或发票面值，扣除从议付日起到估计收到开证行或偿付行票款之日的利息，然后将货款先行垫付给出口商的行为。应该知道的是，议付是可以追索的，如果开证行拒付，那么议付行可向出口商追还已垫付的货款。我国银行对于议付信用证的出口结汇方式，除出口押汇外，还有两种方式：一是收妥结汇，即收到单据后不做押汇，而是将单据寄交开证行，待开证行将货款划给议付行后再向出口商结汇；另一种是定期结汇，即收到单据后，在一定期限（此期限为估计索汇时间）内向出口商结汇。对议付行来说，上述两种方式均为先收后付。

2. 付款信用证

一般来说，付款信用证不用汇票，在外贸实践中使用的即期付款信用证中，国外开证行指定出口地的分行或代理行为付款行，受益人直接向付款行交单。此外，付款行付款时不扣除汇程利息，且付款不可追索。显然，在信用证方式中，这种方式对出口商最为有利。

3. 承兑信用证

是指承兑信用证的受益人开出远期汇票，通过国内代收行向开证行或开证行指定的银行提示，经其承兑后交单。如果汇票已经得到银行的承兑，那么你既可以到期收款，也可以选择贴现。

第4节　商品检验与报关

商品检验

在国际贸易中，买卖双方由于地处不同的国家，货物的运输一般需要较长的时间，在运输途中货物的品质和数量都有可能受到损害。所以，如果到货品质和数量与合同规定不符，就会引起买卖双方的争议。为了维护买卖双方的利益，并促进对外贸易的顺利进行，一个独立且公正的第三方检验工作就显得格外重要，这就是商检，即商品检验。检验机构通过检验或鉴定后出具的检验证书，已经成为国际贸易中买卖双方交接货物、结算货款、索赔和理赔的主要依据。

根据《中华人民共和国进出口商品检验法实施条例》规定，中华人民共和国国家质量监督检验检疫总局（简称国家质检总局）主管全国进出口商品检验工作。国家质检总局设在各省、自治区、直辖市及进出口商品的口岸、集散地的出入境检验检疫局及其分支机构（简称出入境检验检疫机构）负责地区的进出口商品检验工作。

至于哪些进出口商品需要检查，则要看该商品是否在国家质检总局制订的“进出口商品目录”之内。如果是目录内的商品，则必须进行检查；如果是目录外的商品，出入境检验检疫机构则根据国家规定实施抽检。进出境的样品、礼品、暂准进出境的货物及其他非贸易性物品予以免检，但法律法规另有规定的除外。

出入境检验检疫机构对进出口商品实施检验的内容主要包括：是否符合安全、卫生、健康、环境保护、防止欺诈等要求以及相关的品质、数量、重量等项目。进出口商品的收货人或发货人既可以自行办理报检手续，也可以委托代理保健企业办理。

商品检验的步骤

凡是属于法定检验商品或是合同规定需要商检的商品，对外贸易关系人均应及时提请商检机构进行检验。而外贸新手需要了解清楚商品检验的步骤，以免来回折腾，耗费时日，甚至引起不必要的麻烦。我国进出口商品检验主要包括以下步骤。

一、报检

是指对外贸易关系人向商检机构报请检验的行为。报检时需填写“报检申请单”，填明申请检验、鉴定工作项目和要求，并提交对外所签买卖合同、成交小样及其他必要的资料。进口商品凡是列入法检目录或合同规定由商检机构检验并出具检验证书的，货到后，收货、运货部门应及时向商检机构申请检验，并填写“入境货物报检单”，同时提供合同发票、提单、装箱单等资料，若申请品质检验，还需提供国外品质证书、使用说明书及相关标准和技术资料。对于出口商品，需要报检的则需要填写“出境货物报检单”，并提供单证和对外贸易合同、发票、提单、装箱单等资料。

二、抽样

商检机构接受报验之后，就要及时派人到存货堆存地点进行现场检验鉴定。现场检验鉴定通常采用国际贸易中的普遍方法——抽样法进行检验，抽样时必须按照规定的抽样方法和一定的比例随机抽样，以便样品能够代表整批商品的质量。

三、检验

检验时，检验部门可使用从感官到化学分析、仪器分析等各种技术手段，并根据抽样和现场检验做好记录，仔细核对合同以及信用证对商品品质、规格、数量、包装等的规定。

四、签发证书

对于出口商品，凡列入目录的，经商检机构检验合格后签发放行单（或在“出口货物报关单”上加盖放行章，以代替放行单）。如果合同、信用证规定由商检部门检验出证，或国外要求签检证书，则商检机构应根据规定签发所需封面证书；不向国外提供证书的，只发放行单。如果出口商品未列入目录，而应由商检机构检验的，则经检验合格发给证书或放行单后，方可出运。

对于进口商品，经检验后分别签发“检验情况通知单”或“检验证书”，供对外结算或索赔用。凡由收、用货单位自行验收的进口商品，如发现问题，可进行对外索赔；如果验收合格，则收、用货单位应在索赔有效期内把验收报告送商检机构销案。

出入境检验检疫时间和地点的规定

在国际贸易买卖合同中，要想进行出入境检验检疫，并不是随时随地都可以的，而是要有一定的时间和地点的限制，关于检验的时间和地点通常有三种做法：

一、在出口国检验

（1）在产地检验，就是在货物离开生产地点之前，由卖方或其委托的检验机构人员或买方的验收人员或买方委托的检验机构人员对货物进行检验或验收。相应地，在货物离开产地之前进行检验或验收为止的责任由卖方负责。

（2）装运前或装运时在装运港或装运地检验，即以离岸品质、离岸重量为准，也就是货物在装运地交货前，由合同中规定的检验机构对货物进行检验，并以该检验机构出具的检验证书作为最后依据。买方对交货后货物所发生的变化不承担责任，买方也无权拒收货物或提出异议及索赔。

二、在进口国检验

（1）在目的港或目的地卸货后检验，也就是以到岸质量、重量为准。如果检验证书证明货物与合同规定不符，那么承担责任的是卖方。

（2）在买方营业处所或最终用户所在地检验，这种方式一般是针对那些因使用前不便拆开包装，或者因为不具备检验条件而无法在目的港进行检验的货物，如密封包装货物、精密仪器等。

三、在出口国检验，在进口国复验

由于这种方式兼顾了买卖双方的利益，较为公平合理，因此成为了目前国际货物买卖中最常见的一种规定检验时间和地点的方法，也是我国进出口业务中最常见的一种方法。

（1）货物须在装运前由双方约定的装运港或装运地的检验机构进行检验，其检验证书作为卖方要求买方支付货款或要求银行支付、承兑或议付时递交的单据之一。

（2）在货物运抵目的港或目的地卸货后的一定时间内，买方有权复验。如果复验证书证明货物与合同规定相符，那么买方应及时付款，交易顺利完成。但如果复验时发现货物与合同规定不符，而又不属于承运人或保险公司的责任时，买方就有权在规定的时间内凭复验证书向卖方提出异议或索赔。

四、装运港检验重量、目的港检验品质

这种做法就是所谓的“离岸重量，到岸品质”，也就是以装运港检验机构检验后出具的重量证书、以目的港检验机构出具的品质证书为最后依据。这种做法多用于大宗商品交易的检验中，以调和买卖双方在检验结果上存在的矛盾。

我来试试

项目情境：2002 年 1 月，外国某公司卖给中国某公司一批羊皮，交货及价格条件为 FOB 中东某港口。合同签订后，中方公司如期开出了信用证，但由于当时中东局势不稳影响交货，卖方两次要求推迟装运期并将信用证有效期延展。直至 4 月下旬，卖方才完成装船交货，5 月上旬运输船抵达中国天津新港。但买方在接到货物后发现到货的羊皮存在明显的质量问题，随即向卖方发电提出保留索赔权，并委托天津商检局对货物进行检验。检验证书指明：该批羊皮大部分已不具使用价值，且其质量缺陷在发

货前就已存在。中方据此多次向对方交涉，要求赔偿，但对方认为其不负赔偿责任，理由是：第一，卖方曾指派代表亲赴装运港口验货，认定羊皮质量良好；第二，按FOB术语规定，卖方在货物装运港备妥货物并装上买方派来的船只后，货物风险就已经由卖方转移到了买方，所以如果买方以羊皮质量有缺陷为由提出索赔，则必须证明该羊皮在装货前就已存在缺陷；第三，天津商检局检验证书中所做结论，缺乏足够证据。

我的任务：卖方的理由是否成立？为什么？

熟悉常见的检验证书

进出口检验证书是检验机构对进出口商品进行检验、鉴定后出具的证明文件，是卖方向银行办理议付的单据之一，也是索赔和理赔必备的单据之一。因此，作为外贸新手，有必要对各类检验证书进行全面了解。下面对部分检验证书进行简单解释。

（1）品质检验证书，是出口商品交货结汇和进口商品结算索赔的有效凭证；法定检验商品的证书，是进出口商品报关、输出输入的合法凭证。商检机构签发的放行单和在报关单上加盖的放行章有与商检证书同等通关效力；签发的检验情况通知单同为商检证书性质。

> **小贴士**　证书的名称及所列项目或检验结果应与合同及信用证规定相同，且还需注意检验证书的有效期，一般货物为60天，新鲜果蔬类为2～3周，出口货物必须在有效期内运出，否则应重新报检。

（2）重量检验证书，是证明进出口商品重量的证明文件。

（3）数量检验证书，是证明进出口商品数量的证明文件。

（4）兽医检验证书，是证明出口动物产品或食品经过检疫合格的证件。适用于冻畜肉、冻禽、禽畜罐头、冻兔、肠衣等出口商品，是对外交货、银行结汇和进口国通关输入的重要证件。

(5) 卫生/健康检验证书，是证明可供人类食用的出口动物产品、食品等经过卫生检验或检疫合格的证件。适用于肠衣、罐头、冻鱼、蛋品、乳制品、蜂蜜等，是对外交货、银行结汇和通关验放的有效证件。

(6) 消毒检验证书，是证明出口动物产品经过消毒处理，保证安全卫生的证件。适用于猪鬃、马尾、羽毛、人发等商品，是对外交货、银行结汇和国外通关验放的有效凭证。

(7) 熏蒸证书，是用于证明出口粮谷、油籽、皮张等商品，以及包装用木材与植物性填充物等，已经过熏蒸灭虫的证书。

(8) 生丝品级及公量检验证书，是出口生丝的专用证书。其作用相当于品质检验证书和重量/数量检验证书。

(9) 残损检验证书，是证明进口商品残损情况的证件。适用于进口商品发生残、短、毁等情况；可作为收货人向发货人或承运人或保险人等有关责任方索赔的有效证件。

(10) 产地检验证书，如果合同规定出具原产地证明，按给惠国的要求，出口方开具原产地证明，商检机构签发原产地证书。

(11) 验残检验证书，证明商品残损情况、残损程度、残损原因，供索赔、理赔之用的文件。

(12) 财产价值鉴定证书，是作为对外贸易关系人和司法、仲裁、验资等有关部门索赔、理赔、评估或裁判的重要依据。

(13) 船舱检验证书，是证明承运出口商品的船舱清洁、冷藏效能及其他技术条件是否符合保护承载商品的质量和数量完整与安全的要求的文件。可作为承运人履行租船契约适载义务，对外贸易关系方进行货物交接和处理货损事故的依据。

(14) 产地证明书，是出口商品在进口国通关输入和享受减免关税优惠待遇及证明商品产地的凭证。

(15) 舱口检视证书、监视装/卸载证书、舱口封识证书、油温空距证书、集装箱监装/拆证书，作为证明承运人履行契约义务，明确责任界限，便于处理货损货差责任事故的证明。

(16) 货载衡量检验证书，是证明进出口商品的重量、体积吨位的证件，可作为计算运费和制订配载计划的依据。

(17) 集装箱租箱交货检验证书、租船交船剩水/油重量鉴定证书，可作为契约双方明确履约责任和处理费用清算的凭证。

此外，根据具体业务需要，商检机构还可以签发检温证书、验舱证书等。

报关的各种问题

报关是外贸交易中必不可少的一环，是指货物、行李和邮递物品、运输工具等在进出关境或国境时所有人或其代理人向海关申报，交验规定的单据、证件，请求海关办理进出口有关手续的过程。当然，报关时需要提交一系列的单据，我国海关规定，报关时应提交的单据、证书有：进出口货物报关单、进出口货物许可证、商品检验证书、动植物检疫证书、卫生检验证书以及提货单、装货单、运单、发票、装箱单等。

一、报关的程序

报关工作的全部程序可大致分为申报、查验、缴税和放行。

首先是申报，在货物进出口时，具有报关权的货物的收、发货人或他们的代理人必须在海关规定的期限内，填写进出口货物报关单，同时还要一同提交有关的单据和证件，向海关进行申报。报关有进口报关和出口报关之分，需要的单据当然也有所不同，如进口报关需要报关单、委托书、发票、装箱单、提货单、产地证明、进口许可证等；而出口报关则需要报关单、委托书、发票、装箱单、装货单、销售合同、出口收汇核销单、商检证书、出口许可证等。

申请完之后，海关就开始查验，此时报关单位（或报关员）应在海关查验货物时进行配合，如负责搬运、开箱、封箱等，并检查货物是否损坏。

如果海关对检验的商品没有异议，就会开具缴纳税费通知书。报关单位凭此通知书向海关指定银行缴纳货物进出口税或海关监管费。

缴税完成后，海关放行并在有关单据上签盖放行章。货物的所有人或其代理人只有凭加盖海关放行章的提货单或装运单才能提取（进口）或装运（出口）货物。

二、报关行

报关行是指经海关准予注册登记，接受进出口货物收发货人的委托，以进出口货物收、发货人名义或者以自己的名义，向海关办理代理报关业务，从事报关服务的境内企业法人。

报关行的选择很重要，因为如果你选择得当，那么将会让这次交易顺利进行。否则，如果选择了一家不合适的报关行，常常会徒增很多麻烦。一般说来，选择报关行除了注意费用的差别外，还应该多考虑以下三方面：

第一，报关行是否拥有为你所从事的行业清关的知识及经验，他能收集到什么样的资源为你服务？

第二，报关行在其内部业务、员工表现和客户联络方面的表现如何？

第三，报关行与海关的关系是否牢固？特别是其是否符合海关对报关行业务提出的所有要求？

三、报关单

进出口货物报关单是指进出口货物收发货人或其代理人，按照海关规

定的格式对进出口货物的实际情况做出书面申明，以此要求海关对其货物按适用的海关制度办理通关手续的法律文书。在对外贸易中，报关单的法律地位十分重要，因为它不仅是海关监管、征税、统计以及开展稽查和调查的重要依据，同时还是加工贸易进出口货物核销和出口退税、外汇管理的重要凭证，除此，海关处理走私、违规案件，或是税务、外汇管理部门查处骗税、套汇犯罪等活动也可以此为凭证。

四、报关期限

报关期限是海关的常用词汇，就是指货物运到口岸后，法律规定的收货人或其代理人向海关报关的时间限制。根据我国《海关法》，进口货物的报关期限有如下规定。

（1）进口货物的报关期限为自运输工具申报进境之日起 14 日内；最后一天为法定节假日或休息日的，顺延至节假日或休息日后的第一个工作日。

（2）进口货物的收、发货人或其代理人超过 14 天规定期限未向海关申报的，由海关征收滞报金。

（3）滞报金按日计征，以自运输工具申报进境之日起第十五日为起征日，以海关接受申报之日为截止日，起征日和截止日均计入滞报期间，另有规定的除外。

（4）逾期，每日征收进口货物到岸价格的万分之五的滞报金，起征点为人民币 10 元。

需要注意的是，这里所说的进口货物的到岸价格是由海关审定的正常的到岸价格，是以外币计价的，并且海关按应征收滞报金之日国家外汇牌价的买卖中间价的人民币。另外，滞报金不是罚款，海关出具的滞报金收据也并非罚款通知书。

1. 进出口货物收、发货人进口货物不可采用的报关方式是：

A. 自理报关

B. 委托报关行以委托人的名义代理报关

C. 委托已在海关办理报关注册的货代公司以委托人的名义代理报关

D. 委托报关公司以报关公司的名义代理报关

2. 报关是指______向海关办理货物、物品或运输工具进出境手续及相关海关事务的过程。

A. 进出口货物收、发货人　　B. 进出境运输工具负责人

C. 进出境物品的所有人　　D. 上述三项的代理人

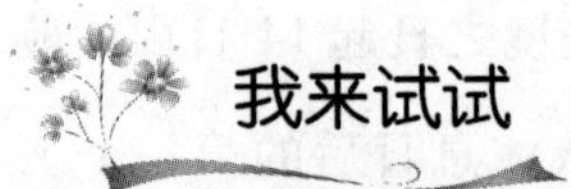

项目情境：2006年6月15日，科隆公司批准经营进出口业务，第二天就成交了一笔业务。为提高办事效率，公司当天就派人员去海关申报出口手续，结果被海关拒绝。

我的任务：分析其中的原因。

什么是HS编码

HS编码即海关编码，为编码协调制度的简称，其全称为《商品名称及编码协调制度的国际公约》（International Convention for Harmonized Commodity Description and Coding System），为方便起见，简称协调制度（Harmonized System，HS）。

HS编码是国际海关公认的对产品的分类编码，主要用于报关、海关

统计等，不同的产品对应不同的HS编码，产品的HS编码可以通过海关税则或是相关网站进行查询。

进口转关与出口转关

所谓进口转关就是货物由进境地入境以后，向海关申请运往另一个设关地点（指运地）办理进口海关手续；所谓出口转关就是在境内某一设关地点（起运地）办理出口海关手续后运往出境地，再由出境地海关监管放行。举个简单的例子，比如现在货物在河北省的保定，需要从天津港转船然后运往美国，那么从保定到天津涉及两个关口，这就是出口转关；反过来也是一样，进口货物经过天津港最终需要运到保定，其间也涉及两个关口，这就叫进口转关。

结关和清关

结关就是进出口货物和转运货物进入一国海关关境或是国境后向海关申报，履行查验、征税、放行等各项手续的过程。在结关期间，货物无论是进口、出口还是转运，都处在海关的监管之下，不得自由流通。清关其实就是结关的另一种说法，也有人习惯称其为通关。

海关查验

海关查验是指海关在接受报关单位的申报后，依法为确定进出境货物的性质、原产地、货物状况、数量和价值是否与货物申报单上已填报的详细内容相符，对货物进行实际检查的行政执法行为。海关查验是国家赋予海关的依法行政的权力，也是通关过程中必不可少的重要环节。

一般来说，海运、空运出入境货物的查验率在25%左右，其查验的重点在于检查申报数量是否和实际相符、申报价格是否合理等。海关查验有两种方式，一种是电脑随机布控，另一种是现场抽查。对于具体的货物，海关会根据具体情况，有时采用人工开箱查验，有时采用X光机进行查验。对于一般的航空快件，海关会用X光机逐一扫描，若发现可疑货物，立即人工开箱查验，有时为了防止夹带毒品、爆炸物等，甚至还会使用缉私犬进行搜查。

由于海关查验带有非常大的随机性，任何货物都可能被选中并查验，而收货人、发货人根本无法预计，所以不得随意虚报夹带走私物品。当然，也有一些不法分子，希图浑水摸鱼，进行走私等违法犯罪活动，但“法网恢恢，疏而不漏”，一旦被查获，就要面临严厉的行政和经济处罚，构成犯罪的还将被依法追究刑事责任。

第5节　核销退税

外汇核销制度

外汇核销制度是外贸新手必须要熟悉和了解的一项内容，虽然它看似与外贸企业自身的利益联系不大，但却是整个对外贸易活动中不可缺少的一个环节。外汇核销制度是外汇管理局设计的一套特别的管理制度，目的在于更好地监控外贸企业交易过程中的每一笔外汇的进和出。简单地说，就是国家要知道我们每年进口多少东西，出口多少东西，金额分别是多少。

外汇核销制度分为出口收汇核销制度和进口付汇核销制度。简单地

说，出口收汇核销就是出口报关时申明出口金额，收汇后凭水单核销；进口付汇核销就是进口报关时声明进口金额，付汇后凭购汇单核销。外贸企业必须遵循外汇核销制度，否则不仅会被认定为逃汇、套汇，银行也不会给该企业结汇或付汇，海关也不会放行，税务局当然也就不给退税。

在外汇核销制度下，核销单应运而生。但核销单不是国际贸易必需的单据，而是外汇管制国家管理外汇的一种手段。核销单应向外汇管理局申领，货物出口后凭海关退回的核销单、报关单结汇联在银行办理结汇手续，然后再凭核销单、报关单退税联在外管局核销。这一系列手续完成后，就可以到税务部门办理退税手续了。

但在实际操作中，并不是所有的出口货物都需要有核销单，比如下列货物就无须提供出口收汇核销单：

（1）易货贸易、补偿贸易出口的货物。

（2）对外承包工程出口的货物。

（3）经省、自治区、直辖市和计划单列市外经贸主管部门批准远期收汇而未逾期出口的货物。

（4）企业在国内采购并运往境外作为在国外投资的货物。

出口收汇核销的程序

简单地说，出口收汇核销就是出口方收到货款以后向外汇管理局报告，以便外汇管理局及时准确地掌握出口企业的收汇情况。其流程大致如下。

（1）出口企业到外汇管理部门领取出口收汇核销单，但为了方便省时，多数企业都会提前领取。

（2）出口企业报关时，向海关提交有顺序编号的外汇核销单，经海关审核无误后在核销单和与核销单有相同编号的报关单上加盖“验讫章”。

小贴士

除出口收汇核销、进口付汇核销外，还有加工贸易手册合同核销等。加工贸易的核销是指加工贸易单位在合同执行完毕后将“加工贸易登记手册”、进出口专用报关单等递交海关，由海关审查该合同项下进出口、耗料等情况，以确定征、免、退、补税的海关后续管理中的一项业务。

(3) 报关后，出口企业在规定期限将核销单存根送回外汇管理局，以便外汇管理部门对企业出口收汇情况进行监督。

(4) 在货物出口完成后，出口企业将海关退给的核销单、报关单和有关单据送交银行收汇。

(5) 货款汇交至出口地银行后，银行向出口单位出具结汇水单（收账通知），并在上面填写有关核销单编号。

(6) 出口企业凭出口收汇核销单和出口收汇核销专用联的结汇水单（收账通知）及相关单据到外汇管理部门办理核销手续。

(7) 核销办理完成后，国家外汇管理部门在核销单上加盖“已核销”章，并将其中的出口退税专用联退还给出口企业作为日后退税的依据。

出口退税的计算方法

出口退税是出口货物退（免，Export Rebates）税的简称，其含义是对出口货物退还其在国内生产和流通环节实际缴纳的产品税、增值税、营业税和特别消费税。也就是说，出口的产品不仅在出口环节不征收税款，而且还会退还在国内生产、流通环节已经缴纳的税款。这样做的目的是要通过退还出口货物的国内已纳税款来平衡国内产品的税收负担，使本国产品以不含税成本进入国际市场，与国外产品在同等条件下进行竞争，从而增强其国际竞争能力。

需要注意的是，对于进口产品，国家会征收关税和进口环节税，且没有进口退税一说。

一、退税货物应具备的条件

一般，退免税货物应具备的条件有如下几点：

（1）必须是增值税、消费税征税范围的货物；

（2）必须报关离境，对出口到出口加工区货物也视同报关离境；

（3）必须在财务上做销售；

（4）必须收汇并已核销。

二、出口退税额的计算方法

出口退税额的计算很简单，就是：不含税价×退税率，其公式为：

出口退税额＝税后货值÷(1＋增值税率)×出口退税率

举例来说，税后货值为人民币20万元，增值税率为17%，退税率为13%，那么，出口退税额为：200000÷(1＋17%)×13%＝22222.22(元)。

我来试试

项目情境： 北京某纺织品进出口公司在2010年6月从韩国进口混纺面料1500米，加工成女式风衣销往瑞士。同年8月，又进口该面料1000米，加工成滑雪服销往国内。

我的任务： 想一想，这两次进出口交易是否享有退税优惠？为什么？

第6节 进出口运输业务

货代负责的业务

货代的全称是货运代理，也就是货主和承运人之间的中间人。他们接受进出口货物收货人、发货人或是其代理人的委托办理有关业务，从事与运输合同有关的活动，如代办租船、订舱、配载、缮制有关证件、报关、报验、保险、集装箱运输、拆装箱、签发提单、结算运杂费，甚至交单议付和结汇等，并从中收取一定的服务费和佣金。

作为中间人，货代一方面与货物托运人（即货主）订立运输合同，自己作为承运人身份；而另一方面又作为“货主”与运输部门（如船公司、航空公司等）签订合同。目前，对于一般的企业而言，都没有自己的船公司，因此在外贸运输过程中都会直接接触货运代理公司。由此可见，货代在国际贸易和国际物流中扮演着非常重要的角色。

货代提供的服务项目大致有以下几种，即订舱、拖箱、报关、缴纳运费、取得提单等。但作为外贸人员，由于要经常与货代打交道，所以还要更为具体地了解货代所从事的业务。

一、为发货人服务

货代可以替发货人承担以下任务，发货人可以根据自己的实际需要进行选择。

(1) 替发货人选择最快最省的运输方式，并安排合适的货物包装，选择货物的运输路线。

（2）向客户建议仓储与分拨。

（3）选择可靠、高效的承运人，并负责缔结运输合同。

（4）安排货物的计重、计量、保险、拼装等事宜。

（5）装运前或在目的地分拨货物之前负责货物的存仓。

（6）安排货物到港口的运输，办理海关和有关单证的手续，并将货物安全交给承运人。

（7）代表托运人/进口商承付运费、关税税收。

（8）办理货物运输的任何外汇交易。

（9）从承运人处取得各种签署的提单，并将其交给发货人。

（10）通过与承运人及货运代理在国外的代理联系，监督货物的运输状况，并保证托运人随时掌握货物的去向。

二、为海关服务

如果货运代理作为海关代理，需要办理有关进出口商品的海关手续时，它既要代表自己的客户，还要代表海关当局。现在在许多国家，当局都认可这种做法，许可其办理海关手续，并对海关负责。

三、为承运人服务

货代需要向承运人及时订舱，并议定一个对发货人和承运人都相对公平的费用，同时还要安排适当的时间进行交货及以发货人的名义解决和承运人的运费账目等问题。

四、为航空公司服务

在空运业上，货代往往还要充当航空公司的代理。基于这种关系，货代利用航空公司的货运手段为货主服务，并由航空公司付给其佣金。不仅如此，货代还可通过提供其他空运服务，继续为发货人或收货人服务。

五、为班轮公司服务

班轮公司是指按照规定的时间，在一定的航线上，以既定的港口顺序，经常地从事航线上港口间运输的船舶。近几年来，由货代提供的拼箱服务已经使货代与班轮公司及其他承运人（如铁路）之间建立了密切的联系。

六、提供拼箱服务

集运和拼箱就是指把一个出运地若干发货人发往另一个目的地的若干收货人的小件货物集中起来，作为一个整件运输的货物发往目的地，并通过货代把单票货物交予各个收货人。整个过程中，拼箱的收、发货人都不直接与承运人联系，对承运人来说，货代是发货人，而货代在目的港的代理是收货人。当然，如果发货人或收货人有特殊要求，那么货代也可以提供“门到门”的服务。

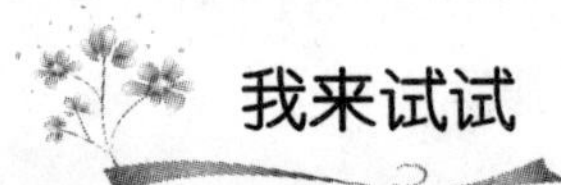

我来试试

项目情境：我国A公司委托B货代公司办理一批服装海运出口。B公司接受委托后，出具自己的House B/L给货主。A公司凭此到银行结汇，提单转让给日本的D贸易公司。B公司又以自己的名义向C海运公司订舱，货物装船后，C公司签发海运提单给B公司，B/L上注明运费预付，收、发货人均为B公司。但实际上，C公司并未收到运费。在运输途中由于船员操作不当，造成服装污损。C公司向B公司索取运费，遭到拒绝，B公司的理由是应当由A公司支付，B公司仅为A公司的代理人，且A公司并未支付B公司运费。同时，A公司向B公司索赔损失也遭到拒绝，理由是其没有诉权。而D公司向B公司索赔货物损失同样遭到拒绝，理由是

货物损失由C公司所致。

我的任务：分析B公司是否应支付C公司的运费？A公司是否有权向B公司索赔？D公司是否有权向B公司索赔？D公司是否有权向C公司索赔？

货代的操作流程

货代从接受货主询价直到双方谈成交易、履行交易的流程大致如下：

一、接受货主询价

货主根据需要可能有海运询价、陆运询价等，货代应及时准确提供给货主相关信息。不能及时提供的，需请货主留下联系方式，并在最短时间内回复货主。

二、接单

货代根据不同船公司的要求结合货主的需求制订合适的方案和价格，双方达成一致后正式接单，就是正式接受货主委托，同时需要重点明确船期、件数、箱型、箱量、毛重、体积、付费条款、货主联系方法、做箱情况等信息。

三、订舱

接受货主的订舱要求并审核订单，同时向船公司订舱，并取得配舱回单，提取船名、航次、提单号信息。

四、做箱

安排拖车去工厂装箱并运到码头，同时要取得做箱方法所得的装箱单（CLP）。

五、报关

凭货主的装箱单、发票等向海关报关，有时是与做箱同时，有时先于做箱。

六、签单

主要是查看每张正本提单是否都签全了证章，是否需要手签。

七、航次费用结算

八、提单、发票发放（提单样本）

如果货主自取的需签收，如果通过 EMS 和快递送达的，应在“名址单”上标明诸如：“提单号”“发票号”“核销单号”“许可证号”“配额号”等，以供日后查证。

九、督促清算

应在一个月内督促航次费用的清算并及时返还货主的“核销退税单”。

指定货代

所谓指定货代是指在 FOB 价格术语下，由国外客户指定的货代，也就是说国外的买方客户自己指定的货代。在这种情况下，出口方只能向指定货代订舱而不能自主选择其他货代或船公司订舱。除此，提单的制作、FOB 本地费用的支付、提单的取得等都需要通过指定货代。当然，指定货代也可以帮助安排拖车、商检、报关等事宜。

既然是指定货代，那么国外的买方客户才是货代的真正服务对象，海运费等相关费用和佣金自然是向国外的买方收取的。但对于出口方来说，

指定货代未必是好事，因为指定货代往往服务态度恶劣，甚至有些还会有乱收费的情况。对此，出口方不必忍气吞声，大可以向国外客户投诉，因为指定货代为了不得罪他的客户（国外的进口方），往往会配合改进他们工作中的不足之处。

国际货物运输方式及其特点

在国际货物运输中，有很多运输方式，如海洋运输、铁路运输、航空运输、河流运输、邮政运输、公路运输、管道运输、大陆桥运输以及国际多式联运等。下面将我国常用的几种运输方式简单介绍一下：

一、海洋运输

在国际货物运输中，运用最广泛的就是海洋运输，其在国际货物运输总量中占到了80%以上的份额。海洋运输的广泛采用与其下列优势不无关系：

（1）海洋运输可以利用四通八达的天然航道，不受轨道和道路的限制，因此通过能力大。

（2）海洋运输船舶的运输能力远远大于铁路运输车辆。

（3）因为运量大、航程远，所以分摊于每货运吨的运输成本少。

但海洋运输也存在不足，如容易受气候和自然条件的影响，航期易不准确，且风险较大、速度较慢。

二、铁路运输

在国际货物运输中，铁路运输也是主要运输方式之一，仅次于海洋运输，且海洋运输的进出口货物大多是通过铁路进行货物的集中和分散的。

铁路运输的特点是受气候条件影响小，可保障全年的正常运输，且运量较大、速度较快、连续性较好、风险也较小。在手续上铁路货运也比海洋运输简单。

三、航空运输

航空运输是一种现代化的运输方式，与海洋运输、铁路运输相比，速度快、货运质量高、不受地面条件限制是其无可替代的优点。因此，急需物资、鲜活商品、精密仪器和贵重物品等最适宜航空运输。

> **小贴士**
>
> 集装箱还有COC和SOC之说。前者由于集装箱归船公司所有，所以叫船东柜；后者由于是货主自己的集装箱，所以叫货主柜。通常，船公司不接受使用货主柜进行货物运输。
>
> 当然，也不是所有货物都必须由集装箱运输，像粮食、原油、矿藏等就不使用集装箱运输。

四、公路运输

公路运输既是直接运进或运出对外贸易货物，也是车站、港口和机场集散进出口货物的重要手段。

五、内河运输

内河运输是水上运输的重要组成部分，它连接内陆腹地与沿海地区，在运输和集散进出口货物中具有重要作用。

六、国际多式联运

国际多式联运是一种综合性的连贯运输方式，它一般是以集装箱为媒介，把海、陆、空各种传统的单一运输方式有机地结合起来，可以说是一种趋利避害的方法。

七、邮包运输

各国邮政部门之间通常都订有协定和合约，各国的邮件包裹可相互传

递，从而形成国际邮包运输网，具有国际多式联运和“门到门”运输的性质，而且手续简便、费用不高，所以目前也是国际贸易中普遍采用的运输方式之一。

八、陆桥运输

是指使用横贯大陆的铁路或公路运输系统作为中间桥梁，把大陆两段的海洋运输连接起来的连贯运输方式，也就是海—陆—海的连贯运输。

九、管道运输

管道运输多用于石油等液体物品的贸易。

有关集装箱的各种小知识

集装箱是指具有一定强度、刚度和规格，专供周转使用的大型装货容器。使用集装箱有一个好处，就是转运货物时可以直接到发货人的仓库装货，运到收货人的仓库卸货，即使中途需要更换车、船，也无须将货物从箱内取出换装。所以，很多人都说集装箱是一项伟大的发明。当然，集装箱最大的成功还在于其产品的标准化以及由此建立的一整套运输体系，实现了全球范围内的船舶、港口、航线、公路、中转站、桥梁、隧道、多式联运相配套的物流系统，这的确是一个奇迹。

一、集装箱的特点

按国际标准化组织第104技术委员会的规定，集装箱必须要具备下列条件，否则就不算是标准的集装箱。

（1）可长期反复使用，具有足够的强度。

（2）途中转运不用移动箱内货物即可直接换装。

（3）能快速装卸，并能从一种运输工具直接换装到另一种运输工具。

（4）便于货物的装满和卸空。

（5）具有1立方米或以上的容积。

二、集装箱繁多的种类

虽然听起来集装箱不过是装运货物的容器，但这个“容器”却有繁多的种类。根据分类方法不同，集装箱可有多种不同的类别，如：

（1）按所装货物种类，可分为杂货集装箱、干货集装箱、散货集装箱、液体货集装箱、冷藏货集装箱，以及一些特种专用集装箱等。

（2）按制造材料，可分为钢制集装箱、铝合金集装箱、玻璃钢集装箱，此外还有木集装箱、不锈钢集装箱等。

（3）按结构，可分为固定式集装箱、折叠式集装箱、薄壳式集装箱等。

（4）按总重，可分为30吨集装箱、20吨集装箱、10吨集装箱、5吨集装箱、2.5吨集装箱等。

（5）按规格尺寸，可分为20英尺货柜、40英尺货柜、40英尺高柜、45英尺高柜，这些都是干货柜。除此，还有40英尺超高冷冻柜、20英尺全开顶货柜、40英尺全开顶货柜、40英尺平台式货柜等。

（6）按用途，可分为冷冻集装箱、挂衣集装箱、开顶集装箱、框架集装箱、罐式集装箱、冷藏集装箱、平台集装箱、通风集装箱、保温集装箱等。

三、集装箱运输的主要关系方

（1）无船经营人：他们专营集装货运的揽货、装拆箱、内陆运输业务，同时中转站或内陆站业务也是他们的业务之一。对于真正的货主来说，无船经营人是承运人，而对实际的承运人来说，他们又成了托运人。不过应注意，无船经营人应受所在国的法律制约，并在有关部门登记。

（2）实际承运人：他们掌握运输工具并参与集装箱运输，一般来说，实际承运人通常拥有大量集装箱，为的是方便集装箱的周转、调拨、管理及集装箱与车船机的衔接。

（3）集装箱租赁公司：专门进行集装箱出租的新行业。

（4）集装箱堆场：专门办理集装箱重箱或空箱装卸、转运、保管、交接的场所。

（5）集装箱货运站：处理拼箱货的场所，可在这里办理拼箱货的交接、配载、积载后，将箱子送往 CY，并接受 CY 交来的进口货箱，进行拆箱、理货、保管，最后拨给各收货人。同时，集装箱货运站还可按承运人的委托进行铅封和签发场站收据等业务。

四、集装箱的尺寸

外贸交易总是免不了要接触集装箱，所以外贸新手一定要熟悉集装箱的尺寸规定。集装箱的尺寸包括集装箱外尺寸和集装箱内尺寸。集装箱外尺寸包括集装箱永久性附件在内的集装箱外部最大的长、宽、高尺寸，因为集装箱能否在船舶、底盘车、货车、铁路车辆之间进行换装主要参考这一尺寸；集装箱内尺寸指集装箱内部的最大长、宽、高尺寸，决定集装箱内容积和箱内货物的最大尺寸，高度为箱底板面至箱顶板最下面的距离，宽度为两内侧衬板之间的距离，长度为箱门内侧板至端壁内衬板之间的距离。

集装箱内容积是物资部门或其他装箱人必须掌握的重要技术资料，一定要牢牢记住。

（1）20 尺柜：内容积为 5.69 ×2.13 ×2.18 米，配货毛重一般为 17.5 吨，体积为 24 ~26 立方米。

（2）40 尺柜：内容积为 11.8 ×2.13 ×2.18 米，配货毛重一般为 22 吨，体积为 54 立方米。

(3) 40 尺高柜：内容积为 11. 8 ×2. 13 ×2. 72 米，配货毛重一般为 22 吨，体积为 68 立方米。

(4) 45 尺高柜：内容积为 13. 58 ×2. 34 ×2. 71 米，配货毛重一般为 29 吨，体积为 86 立方米。

(5) 20 尺开顶柜：内容积为 5. 89 ×2. 32 ×2. 31 米，配货毛重为 20 吨，体积为 31. 5 立方米。

(6) 40 尺开顶柜：内容积为 12. 01 ×2. 33 ×2. 15 米，配货毛重为 30. 4 吨，体积为 65 立方米。

(7) 20 尺平底货柜：内容积为 5. 85 ×2. 23 ×2. 15 米，配货毛重为 23 吨，体积为 28 立方米。

(8) 40 尺平底货柜：内容积为 12. 05 ×2. 12 ×1. 96 米，配货毛重为 36 吨，体积为 50 立方米。

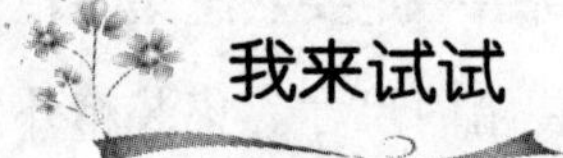

我来试试

1. 班轮运输中最普遍使用的一种方式是（　　）。

A. 杂货班轮运输　　B. 集装箱班轮运输

C. 子母船运输　　D. 托盘运输

2. FCL，DOOR－CY 运输条款，由（　　）负责到集装箱码头提取集装箱货物。

A. 承运人　　B. 集装箱货运站

C. 收货人　　D. 视具体情况而定

3. 当今世界上最长的一条大陆桥运输线是（　　）。

A. 西伯利亚大陆桥　　B. 新欧亚陆桥

C. 美国微型陆桥　　D. 北美大陆桥

集装箱货物交接方式

根据贸易条件所规定的交接地点不同，集装箱货物的交接方式通常可分为以下几种。

一、门到门（Door to Door）

即从发货人的工厂或仓库至收货人的工厂或仓库。这种交接方式须具备三个条件：一是要有配套成龙的专用设备，二是要有内陆集装箱集散运输的专用工具，三是途经的公路桥梁要具有相应的负荷能力和通行条件。

二、门到场（Door to CY）

即从发货人工厂或仓库至目的地或卸箱港的集装箱堆场。这种交接方式只适于整箱货，且目的地的内陆运输由货主自行办理。

三、门到站（Door to CFS）

即从发货人的工厂或仓库至目的港的集装箱货运站。这种方式适用于一个托运人将分属于两个或两个以上收货人的货物拼装在一个集装箱内，按整箱货托运至目的港的集装箱货运站，各收货人凭单分别向货运站提货。

四、场到门（CY to Door）

即从起运港的集装箱堆场至收货人的工厂或仓库。但承运人不负责由发货人工厂、仓库至集装箱堆场之间的内陆运输。

小贴士 在货物交接上，外贸新手还要了解以下几个外贸术语。

CY/FO：承运人在堆场接收整箱货物，并负责运至卸货港，但不负责卸货。多用于去中东、西亚地区的僻港、小港。

CY/LO：承运人在堆场接收整箱货物，并负责运至卸货港卸货。

CY/TACKLE：承运人在堆场接收整箱货物，并负责运至卸货港卸货至接货车上。

CY/HOOK：承运人在堆场接收整箱货物，并负责运至卸货港卸货。HOOK 的意思是吊钩，就是说当吊钩吊下货物后，承运人的服务即终止。

五、场到场（CY to CY）

即从起运港的集装箱堆场至目的港的集装箱堆场。在这种交接方式下，承运人只负责海运区域的运输，不负责运到起运港以前和目的港以后的内陆运输。

六、场到站（CY to CFS）

即从起运港的集装箱堆场至目的港的集装箱货运站。和"门到站"一样，一个发货人将分属于两个或两个以上的收货人所有的货物拼装于一个集装箱内，按整箱货托运时多采用，只是从发货人工厂、仓库运至集装箱堆场的运输由发货人负责。

七、站到门（CFS to Door）

即从起运港的集装箱货运站至收货人的工厂、仓库。在由两个以上托运人将货物托运给一个收货人时，多会在货运站将货物拼箱，再以整箱货形式将货物运至收货人的工厂或仓库。

八、站到场（CFS to CY）

从起运港的集装箱货运站至目的港的集装箱堆场。这种交接方式适用于两个或两个以上的发货人托运属于一个收货人的货物时。

九、站到站（CFS to CFS）

从起运地或装箱港的集装箱货运站至目的地或卸箱港的集装箱货运站。

柜号的组成

在实际操作中，很多人习惯称集装箱为货柜，所以这里说的柜号实际上是指集装箱号，柜号是人们的一种习惯性叫法。柜号就是货柜的侧面上的英文和数字，一般由4个英文字母和7个数字组成，其中前面三个字母表示箱主代码（箱主既可以是船公司，也可以是租船公司）。第4个字母固定为U，用来表示可以海运，如CAXU3370609。不过，现在第4个字母并非一定为U，像马士基的个别集装箱就开始用S来做柜号的第4个字母了。

下面介绍一下各主要船公司使用的集装箱前缀，如：

马士基 MAERSK MAEU MASU MARU

长荣 EVERGREEN（EMC）EVRU EVEU

立荣 UNIGLORY UNLU UNGU

东方海外 OOCL OOCU OOLU

铁行渣华 P & O PONU POLU

中远 COSCO COSU CBHU

韩进 HANJIN HJLU HJCU

地中海 MSC MSCU

现代　HYUNDAI HYNU HYGU

以星　ZIM ZIMU ZCSU

阳明　YANGMING YWLU YMGU

法国达飞　CMA CMAU CMCU

美国总统轮船　APL APLU APSU

高丽海运　KMTC KMTU

日本邮轮　NYK NYKU

万海　WANHAI WHLU

意大利邮轮　LT LTLU

北欧亚　NORASIA NORU

太平　PIL PILU

宏海　RCL RCLU

正利　CNC CNCU

远东　FESCO FESU

超期重箱的处理及滞箱费

在最近几年，海上集装箱运输得到迅速发展，但由于目的港收货人不明或是收货人拒绝提货等原因，造成越来越多的滞留在目的港的集装箱被长期占用。这既让外贸交易不能顺利进行，更给承运人带来巨大损失。这些超过规定期限仍无人提取的装载货物的集装箱叫做“超期重箱”。

根据海上贸易的实践，归纳出超期重箱产生的大致原因，如：

（1）运输途中，货物发生损坏，收货人拒绝提货；

（2）贸易合同发生纠纷，收货人拒绝提货；

（3）季节性货物，由于货物延迟到港，而收货人销售季节已过，收货人拒绝提货；

（4）涉及货物管制、关税征收、通关、商检等中间环节出现问题，导致无法提货；

（5）目的港所在国的法律法规、贸易政策、建议制度等的限制和变化，导致货物无法进口通关。

如果在卸货港遇到无人提货或者收货人延迟、拒绝提货时，船长可以将货物卸在仓库或是其他适当的场所，但由此产生的费用和风险需要由收货人来承担。对于留置的货物，如果自船舶抵达卸货港的次日起满60天仍旧无人提取，承运人可以申请法院裁定拍卖；如果货物为易腐烂变质的或者货物的保管费用可能超过货物自身价值的，可以申请提前拍卖。对于拍卖所得的价款，主要用于清偿承运人保管、拍卖货物的费用和运费以及应当向承运人支付的其他相关费用；如果拍卖货款不足以与上述款项相抵，承运人有权向托运人追偿。

在外贸实践中还有一个与超期重箱有点相似的名词，即滞箱费。一般来说，船公司对于托运人使用自己的集装箱有一个免费用箱的时间，如果超过这一时间，船公司就要收取一定的费用，也就是滞箱费。比如说，如果由于货主的原因导致箱子无法上船，超过时间，那么船公司就要收取滞箱费。滞箱费通常按天计算。如果是出口，一般免费使用天数为7天。在进口中滞箱费也时常产生，在船靠岸后的几天内（比如10天）箱子可以免费使用，超过这个时间船公司就要收取费用。所以，在船到港后，一定要及时完成进口清关以及安排提货，并将空箱及时归还船公司。不同的船公司对集装箱免费使用的时间会有不同的规定，具体的天数还要向船公司询问。当然，如果是客户的SOC箱，则不存在滞箱费的问题。

世界主要海运航线

目前，世界海运集装箱航线主要有以下几条：

远东←→北美航线；

北美←→欧洲、地中海航线；

欧洲、地中海←→远东航线；

远东←→澳大利亚航线；

澳洲、新西兰←→北美航线；

欧洲、地中海←→西非、南非航线。

当然，作为一名外贸新手，更要掌握好与中国有关的主要航线，这样才有利于自己的工作安排。中国在贸易地理上属远东地区，与之相关的主要航线如下。

一、远东←→北美西海岸航线

该航线是货运量最大的航线之一，包括从中国、朝鲜、日本、远东海港，横渡北太平洋到加拿大、美国、墨西哥等北美西海岸各港。从我国沿海各港口出发船只，偏南的经大隅海峡出东海，偏北的经对马六甲海峡穿日本海后，有的经清津海峡进入太平洋，有的经宗谷海峡穿过鄂霍茨克海进入北太平洋。

二、远东←→加勒比、北美东海岸航线

该航线也是太平洋航线货运量最大的航线之一，不仅要横渡北太平洋，还要越过巴拿马运河。从我国北方沿海港口出发的船只，一般会经大隅海峡或经琉球庵美大岛出东海。夏威夷群岛的火奴鲁鲁港是它们的航站，船舶可以在此添加燃料和补给品。

三、远东←→南美西海岸航线

该航线较长，因此要经过太平洋枢纽站。不过该航线也有先南行至南太平洋的枢纽港，然后横渡南太平洋到达南美西岸的。从我国北方沿海各

港出发的船只多经琉球庵美大岛、硫黄列岛、威克岛、夏威夷群岛之南的莱恩群岛穿越赤道进入南太平洋。

四、远东←→东南亚航线

该航线是中、朝、日货船去东南亚各港，以及经马六甲海峡去印度洋、大西洋沿岸各港的主要航线。东海、台湾海峡、巴士海峡、南海是该航线船只的必经之路，航线繁忙。

五、远东←→澳大利亚、新西兰及西南太平洋岛国各港航线

该航线较短，但其货运量却不小。

六、远东←→北印度洋、地中海、西北欧航线

该航线也是比较繁忙的航线之一，大多经马六甲海峡向西（也有一些初级产品，如石油等经龙目海峡与北印度洋国家间往来）。经苏伊士运河至地中海、西北欧的运输多为制成品集装箱运输。

七、东亚←→东南非、西非、南美东海岸航线

该航线以运输资源型货物为主，大多经东南亚过马六甲海峡或过巽他海峡西南行至东南非各港，或再过好望角去西非各港，或横越南大西洋至南美东海岸各港。

基本港和非基本港

基本港与非基本港的划分主要是看班轮公司的船是不是要定期挂靠。班轮公司的船定期挂靠的港口，就是基本港。基本港大多位于中心的较大口岸，港口的设备和条件较好，具有多且稳定的货量。运往基本港的货物通常均为直达运输，不需要中途转船。但有时如果货运量太少，船方也可能会选择中途转运，这需要由船方自行安排，并承担转船费用。班轮公司应按基本港口的运费率向货方收取运费，不得加收转船附加费或是直航附加费，并还要签发直达提单。

除了基本港口以外的其他港口都叫非基本港口。除按基本港口收费外，非基本港口一般还要另外加收转船附加费，如果货运量达到一定的数量则改为加收直航附加费。比如：新几内亚航线的侯尼阿腊港就是所罗门群岛的基本港口，而基埃塔港则是非基本港口。运往基埃塔港口的货物运费率要在侯尼阿腊港运费率的基础上额外增加一定的转船附加费。

运费的计算方法

费用的计算永远都是外贸企业中最为重大的工作之一，因为费用的多少将直接与外贸企业的利益挂钩。而在各种费用当中，尤其以运费最为重要。所以，这里就以海运运费和空运运费为例，来介绍运费的计算方法。

一、海运运费的计算方法

基于班轮运输是目前应用最为广泛的对外贸易运输方式，我们先讲一下班轮运费的计算。班轮运费由基本运费和附加费两部分组成。前者是指货物从装运港到目的港的运输费用和在装运港和目的港的装卸费用；后者是指除基本费用之外需要额外加收的一些费用。

计算基本费用通常可有以下几种计算标准。

（1）按重量吨计算，称为重量吨，在船公司的运价表中以字母“W”表示，通常以公吨（即中国普遍采用的“吨”）为单位。

（2）按货物的体积计算，称为尺码吨，运价表中以字母“M”表示，多以1立方米或40立方英尺为计算单位（即1尺码吨）。

(3) 按货物的价格计算，称为价运费，在运价表中以“A.V.”或“Ad Valoerm”表示，多按FOB货价的一定比例收费。

(4) 按货物的毛重或体积从高计算，在运价表中以“W/M”表示。意思是如果一重量吨货物的体积超过1立方米或40立方英尺，就按尺码吨计收；不足1立方米或40立方英尺时按重量吨计收。运价表上也有注明“W/M or A. V.”及“W/M plus; A. A.”的，前者的意思是运费按照货物重量或体积或从价三者中较高的一种计收；后者表示先按货物毛重或体积从高计收后，再加收一定比例的从价运费。

(5) 按货物的件数计算，如汽车按辆、活牲畜按头等。

(6) 临时议定，由货主与船公司临时议定，如粮食、煤炭、矿砂等运量较大、货价较低、装卸速度快的农副矿产品运输。

目前集装箱运输已经形成了世界性的运输体系，并成为国际主要班轮航线上占有支配性地位的运输方式，所以集装箱海运运价也可归属到班轮运价的范畴。集装箱货物海运运价的计算有两种方法，一种是前面所述的班轮运费的计算方法，另一种是以每个集装箱为计算单位，即俗称的“包箱价”。

在班轮运价中，除了基本运费外，还常有各种名目的附加费，如燃油附加费、超重附加费、超长附加费、洗舱费、直航附加费、选港附加费、港口附加费、港口拥挤附加费、贬值附加费等。附加费在班轮运费中占有很大的比重，所以在具体业务中要防止漏计或错计。

租船费用也是海运运价的一部分。在承租合同中，有的规定运费率按货物每单位重量或体积来计算，有的规定整船包价。那么，费率的高低如何来定呢？其实，这个费率并没有统一的数值或是标准，它常常受租船市场的供求关系的影响，并且与运输距离、货物种类、装卸率、港口使用、装卸费用划分和佣金高低等都有着不小的关系。合同中，需要订明运费按装船重量或卸船重量计算、运费是预付或到付等。特别需要提醒的是：应付运费时间是指船东收到的日期，而不是租船人付出的日期。

二、空运运费的计算方法

在国际贸易中，航空运输也占有相当的比例，因此航空运费的计算也是外贸新手应该掌握的。

通常航空公司都会规定：在货物体积小、重量大时，按实际重量计算；在货物体积大、重量小时，按体积计算。如果是集中托运，就会出现一批货物由几件不同的货物组成，其中可能既有轻货又有重货，这时，则采用整批货物的总毛重或总的体积重量，按较高的一个计算。

需要注意的是，空运运费是指发货人或收货人应当支付的每批货物从机场到机场之间的空中运输费用，不包括承运人、代理人或机场收取的其他费用，如提货、报关、接交和仓储费用等。

另外，空运运费还涉及一个名词，即起码运费。起码运费是指航空公司办理一批货物所能接受的最低运费，简单地说，就是不论你的货物的重量或体积大小，在两点之间运输一批货物应收取的最低金额。比如，某航运公司规定，最低消费公斤数为45公斤，不够45公斤的按45公斤最低消费来收取运费。

项目情境： 某轮从上海装运10吨，共计11.3立方米蛋制品，到英国普利茅斯港，要求直航。经查货物分级表可知，蛋制品是10级，计算标准是W/M；查中国—欧洲地中海航线等级费率表之10级货物的基本费率为116元/吨；经查附加费率表可知，普利茅斯港直航附加费，每计费吨为18元；燃油附加费为35%。

我的任务： 全部运费为多少？

第7节 进出口运输保险

进出口货物运输保险的类别

无论哪一种运输方式，都会存在一定的风险，为了避免各种意外所造成的损失，交易方通常都会为货物购买运输保险，以在发生意外时减少自己的损失。

货物运输保险一般根据运输方式的不同分为以下几个类别：

（1）海运险：即海洋运输货物保险，有平安险、水渍险、一切险；

（2）陆运险：即陆上运输货物保险，有陆运险和陆运一切险；

（3）航空险：即航空运输货物保险，有空运险和空运一切险；

（4）邮包险：即邮递运输货物保险，有邮包险和邮包一切险。

另外，对于某些特殊货物，还配备有海运冷藏货物、陆运冷藏货物、海运散装货物及活牲畜、家禽的海陆空运输保险条款。

海运货物保险险别及保险范围

如果投保人不吝于支付保险费用，那么可以在货物遭受损害时，自己不受一点损失。但实际的情况表明，在某些情况下，某些险别是不需要进行投保的，也就是说，在某种情况下某些损害是不可能发生的或是几乎不可能发生的，或者货物本身的价值不高，那么此时就无须花费金额投保该险别。所以，外贸人员须了解海运货物的保险险别以及保险范围。

海运货物保险险别分为基本险和附加险两个类别。所谓基本险，又叫主险，是可以单独投保的险别，有平安险、水渍险和一切险三种；附加险是对基本险的补充和扩展，不能单独购买，只能依附于某基本险的基础上加保，有一般附加险和特殊附加险两种。

一、基本险及责任范围

在基本险的三个险别中，按责任范围从小到大排列为：平安险、水渍险、一切险。投保人应根据自身特点、货物去向及船公司运营状况等选择适合自己的险别。

1. 平安险及其责任范围

平安险是我国保险业的习惯叫法，其英文原意为“单独海损不赔”。其责任范围有以下8项：

（1）被保险货物在运输途中由于恶劣气候、雷电、海啸、地震、洪水等自然灾害造成整批货物的全部损失或推定全损；

（2）由于运输工具遭受搁浅、触礁、沉没、互撞、与流冰或其他物体碰撞以及失火、爆炸等意外事故造成货物的全部或部分损失；

（3）在运输工具已经发生搁浅、触礁、沉没、焚毁意外事故的情况下，货物在此前后又在海上遭受恶劣气候、雷电、海啸等自然灾害所造成的部分损失；

（4）在装卸或转运时由于一件或数件货物整件落海造成的全部或部分损失；

（5）被保险人对遭受承保责任内危险的货物采取抢救、防止或减少货损的措施而支付的合理费用，但以不超过该批被救货物的保险金额为限；

（6）运输工具遭难后，在避难港由于卸货所引发的损失以及在中途港、避难港由于卸货、存仓和运送货物所产生的特别费用；

（7）共同海员的牺牲、分摊和救助费用；

（8）运输合同订有“船舶互撞责任”条款，根据该条款规定应由货方

偿还船方的损失。

2. 水渍险及其责任范围

水渍险也是我国保险业的习惯叫法，其英文原意为“负责单独海损”。其责任范围如下：

（1）平安险所承保的全部责任；

（2）被保险货物在运输途中，由于恶劣气候、雷电、海啸、地震、洪水等自然灾害所造成的部分损失。

3. 一切险及其责任范围

一切险的责任范围是各种基本险中范围最广的一种，所以适合那些价值较高、可能遭受损失因素较多的货物投保。其责任范围如下：

（1）水渍险所承保的全部责任；

（2）被保险货物在运输途中由于一般外来原因所造成的全部或部分损失。此处所谓的“一般外来原因”是指一般附加险的内容，所以，一切险是平安险、水渍险和一般附加险的总和。

二、附加险

附加险，顾名思义就是附加在主险上的险别，没有主险就没有附加险，附加险不能脱离主险而单独存在。附加险又分为一般附加险和特殊附加险。

1. 一般附加险

一般附加险承保一般外来风险所造成的损失，共 11 种，分别为：偷窃、提货不着险，淡水雨淋险，渗漏险，短量险，混杂、沾污险，碰撞、破碎险，钩损险，锈损险，串味险，包装破裂险，受潮受热险。

2. 特殊附加险

特殊附加险承保特殊外来风险所造成的损失，共 8 种，分别为：战争险，罢工险，黄曲霉素险，交货不到险，舱面险，进口关税险，拒收险，出口货物到中国香港（包括九龙在内）或澳门存仓火险责任扩展条款。

我来试试

项目情境： 在战争期间，某企业将投保一切险的出口商品运至码头仓库待运。此时正好赶上敌机轰炸，引起仓库失火，导致该批商品受损。

我的任务： 造成货物受损的原因有哪些？保险公司是否会赔偿？依据是什么？（提示：一切险覆盖了仓库失火，但没有覆盖飞机投弹。）

保险单据及保险费

保险单就是保险单据，是指保险人（保险公司）与被保险人（投保人，多为进口方）之间订立的保险合同。一旦被保险的货物遭受到了保险合同责任范围内的损失时，保险单据就成了被保险人向保险人索赔和保险人理赔的依据。

保险单据主要有保险单和保险凭证。保险单就是俗称的大保单，是正规的保险合同。通常来说，大保单包括被保险人，货物的名称、数量、唛头，运输工具，承保险别，起讫地点，保险期限和保险金额等内容，此外，大保单上还会列明保险人的责任范围以及保险人与被保险人各自的权利、义务等。而保险凭证就是俗称的小保单，是指除对保险人和被保险人的权利、义务等方面的详细条款不予载明外，其余内容与保险单相同，可以说保险凭证是保险单的简化形式和凭证。虽然如此，二者具有相同的法律效力。但在实际业务中，我国保险公司大都签发保险单，而较少使用保险凭证。

由于投保后，一旦货物受到保险合同范围内的损失时，保险人就要赔付相应的款额。所以，作为投保人必须要事先支付一定的保险金额来购买

保险，也就是保险费。通常，在投保时保险金额是在 CIF 的价格上加上 10% 的加成。保险费的计算公式为：

保险金额 = CIF 货值 ×（1 + 加成率）

应缴纳的保险费 = 保险金额 × 保险费率

在实际操作中，如果货值不大，比如在 2000 美元以下，通常会做简易处理，也就是统一收取人民币 100 元左右作为保险费。

第 8 节　综合性小知识

单证中的唛头

在几乎所有的与外贸相关的书籍或是外贸实践工作中，总会看到“唛头”这个词。所谓唛头就是印在包装物上的运输标志，一般情况下，唛头都是由一个简单的几何图形配以一些字母、数字及简单文字组成的，为的是在货物的装卸、运输和保管过程中能够容易被有关人员识别，防止错发错运。

唛头的内容繁简不一，主要由买卖双方根据具体情况和要求商定，但通常包括以下主要内容：收货人代号，发货人代号，目的港（目的地），货物的件数、批号。有的唛头还包括货物的原产地、合同号、许可证号和体积、重量等内容。如果你已经接触了一些外贸的实践活动，可能会发现，在单证中有时会出现“N/M”字样，这是“No Mark”的缩写，意思是没有唛头。

几个常用时间

一、开仓时间

在货主订舱以后，船公司会发放 S/O 给货主，具体写明各项时间，为的是让货主安排好提柜装货。而开仓时间就是指可以提空柜的最迟时间，在没到开仓时间时，不能提取空柜。

二、截补料时间

截补料时间的英文是 Si Cut off Time，也叫截文件时间，是发货人向船公司提交制作提单所需资料的最晚时间。如果不能在这一规定时间内将提单补料递交给船公司，应向船公司申请延长截补料时间，但一般船公司只给延长几个小时。

三、截关时间

也有人将其称为截港时间，就是码头截止收重柜的最晚时间。一旦错过这一时间，重柜就不能交到码头，不能装船。因此，外贸人员要估算好自己的时间，如果预计赶不上截关时间，则应提前向船公司申请延迟截关时间，或许船公司能够允许重柜晚交几个小时，但有时船公司并不同意延迟。

四、截放行条时间

通常船公司会规定一个时间，要求货物必须在此时间之前做好报关放行的工作，递交海关放行条（放行条是海关放行后给的一个放行凭证）给船公司。这个时间就是截放行条时间。如果错过这个时间，船公司将视该

货物未能清关放行，不允许上船。大多数船公司规定，截放行条时间是船开日的前1～2天（散货位前5～7天），且一般是在截关时间后半个工作日。

什么是完税价格

顾名思义，完税价格就是交完税以后的价格，也就是交完增值税、营业税和消费税后的价格。出口货物的完税价格是以离岸价计算的，多为该货物的成交价格，也就是该货物出口销售时卖方为出口该货物应当向买方直接收取和间接收取的价款总额。

进口货物是以到岸价格为完税价格，包括货价加上货物运费、保险费及其他费用。

进出口关税的缴纳

目前，我国对绝大多数的出口货物都免征出口关税，但有些产品例外，如国内稀缺的资源、高耗能产品等。如果出口的产品需要缴纳关税，通常是在出口报关时缴纳，海关会打印一份税单给报关员，然后凭税单到银行将税款打到海关指定的账号即可。

对于进口关税，最简单的缴纳方法是先到所在地海关，申请注册电子口岸。这样每次进口报关时都可以利用此电子口岸进行网上支付。当然，把税款打到海关指定账号或委托报关行代缴也可以。缴纳完关税，货物通过海关审查后即可放行。

既然要缴纳关税，就要知道关税的计算方法。下面对出口关税和进口关税分别进行讲述。

一、出口关税计算

对于一小部分征收出口关税的货物来说，其出口关税的计算主要有两种标准，一种是从价征收，一种是从量征收。计算公式分别如下：

从价征收的货物应征出口关税税额 = 完税价格 × 出口关税税率

从量征收的货物应征出口关税税额 = 货品数量 × 单位税额

二、进口关税计算

进口关税主要以进口货物到达我国口岸的 CIF 价格作为完税价格，在实际操作中，无论是 CFR 还是 FOB 价格条款，在计算关税时都要换算成 CIF 价格。但需要注意的是，进口货物并非只征收关税，除此还要征收消费税和增值税，各税额的总和为一笔进口业务的总税额。

1. 进口关税税款计算

关税额 = 完税价格 × 关税税率

2. 消费税计算

从价消费税税额 =（到岸价 + 关税额）÷（1 – 消费税税率）× 消费税税率

从量消费税税额 = 应征消费税的商品数量 × 消费税单位税额

3. 增值税计算

征收消费税的商品增值税额 =（CIF 价 + 关税 + 消费税）× 增值税税率

不征收消费税的商品增值税额 =（CIF 价 + 关税）× 增值税税率

4. 综合税额

综合税额等于上述三种税额的综合，或者也可以按“到岸价 × 综合税税率”来计算。

常见的对外贸易方式

就目前来讲，我国对外贸易的形式可以总结为：一般贸易、加工贸易和“三来一补”。

一般贸易就是指我国境内有进出口经营权的企业单边进口或单边出口的贸易，是我国外贸中最常用的贸易方式，主要包括：按正常方式成交的进出口货物、易货贸易（不包括边境地方易货贸易）、暂时进出口（不再复运、出口）的物品、外商投资企业用国产材料加工成品出口及进口属于旅游饭店用的食品等货物。

加工贸易是国际贸易的重要方式，是指企业进口全部或部分原材料、零部件、元器件等，经过加工或装配后将制成品复出口的外贸活动，主要形式有来料加工、进料加工、来件装配。

“三来一补”就是指来料加工、来件加工、来样加工和补偿贸易，简称“三来一补”。其中来样加工属于一般出口贸易，并不在加工贸易的范围之内。另外，如果去掉“三来”中的来样加工，加上进料加工，就是加工贸易的主要内容。

AMS 与 ACI

AMS 是美国仓单系统的简称。自从“9·11”事件以后，基于反恐要求，美国海关实行了提前 24 小时仓单申报制度，即凡经过美国市场的货物都需要通过 AMS 系统报美国海关。经美国海关审查批准后，货柜才能装船起运。为此，各船公司也相应调整了美国提单补料的程序，要求客户必须在船预计装货港前约 72 小时提供完整的提单资料，以便留出提单的制作、修改和确认的时间。所以，出口美国，截补料时间一般为截关前两天，船公司同时也会向收货人收取一定的费用（每票提单 2 美元），即美国海关仓单申报费，也有人形象地称之为反恐附加费。作为外贸人员一定要谨记的是，如果不能按照船公司的时间要求及时提供提单补料，那就意味着你的货柜极有可能无法上船；如果不能在船公司向美国海关递交仓单前完成提单确认，那么此后的每一次修改都将产生一笔改单费（通常是 40 美元），即美国海关仓单修改费。

另外，在加拿大也收取海关仓单申报费，只是叫法上不是 AMS，而是叫 ACI。

SWIFT

SWIFT 的本意是：环球同业银行金融电讯协会，该协会是国际银行同业间的国际合作组织。

但外贸业务中提及的 SWIFT 多是指银行间使用的 SWIFT 系统。SWIFT 系统的使用，使银行结算更加安全、可靠、快捷，并实现了标准化和自动化，从而大大提高了银行的结算速度。由于 SWIFT 的格式具有标准化，目前信用证的格式主要都是用 SWIFT 电文。所以，作为外贸人员，很有必要了解并熟悉 SWIFT。

哪些进口国需要木质包装熏蒸

为了防止有害病虫危害到进口国的森林资源，一些进口国要求对含有木质包装（如木箱、木托盘、垫仓木料、木桶、木衬板等）的进口货物必须在出运前对木制包装物进行除害处理。其中，熏蒸便是除害处理的一种常用方式，即木质包装熏蒸。

现在木制包装需要熏蒸的进口国家有美国、加拿大、墨西哥、日本、

韩国、菲律宾、印度、澳大利亚、新西兰、巴西、智利、南非、埃及、土耳其以及欧盟27国（包括荷兰、比利时、卢森堡、丹麦、英国、爱尔兰、德国、法国、意大利、希腊、葡萄牙、西班牙、奥地利、芬兰、瑞典、波兰、捷克、斯洛伐克、拉脱维亚、爱沙尼亚、立陶宛、匈牙利、马耳他、塞浦路斯、斯洛文尼亚、保加利亚、罗马尼亚）。如果出口到上述国家的产品中没有木制包装，一般要在提单、发票、装箱单等单证上注明“No Wood Packing Material”字样。

国际认证

许多国家都会要求出口商对产品提供某类认证，以证明该产品能够符合特定的规定。但由于产品的目标市场不同，所以需要的认证也不同。以下列举一些市场通常需要提供的认证。

北美市场需要的认证有：UL，CUL，FTL，CETL，FCC，FDA，EPA，CSA，ICES，NOM等。

欧洲市场需要的认证有：GS，TUV，CE，Nordic（Nemko，Semko，Fimko，Demko），CB，BSI，GOST，EVPU，SI1，SABS，SEV，KEMA，IMQ，CEBEC，CECC等。

亚洲市场需要的认证有：PSE，VCCI，EK，MIC，TISI，PSB，SASO等。

中国市场需要的认证有：CCC，CQC，BSMI等。

目前世界上有许多专业的认证机构，但以SGS和ITS最为著名，这是两家规模非常大的认证机构，其所出具的各类认证都为许多国家所认可。其中，SGS创建于1887年，是目前世界上最大、资格最老的从事产品质量控制和技术鉴定的第三方民间机构，总部设在日内瓦。而ITS则是一家在伦敦上市的跨国经营集团，主要为跨国经营的零售商、生产商和采购商提供产品检验、测试、认证或其他技术服务，它也是目前世界上规模最大、服务范围最广的专业集团之一。

除此之外，其他如美国安全检测实验室公司（UL）、CSA 国际认证机构、TUV、KEMA、BSI 等认证机构也都有不错的公信力。

外贸 SOHO 一族

SOHO 一词的英文全称是 Small Office Home Office，就是小型办公、家庭办公的意思，或者也可以理解为自由职业或自由职业者。SOHO 一族不必到固定的公司去上班，只要在家或是租用的办公场所通过网络、电话、传真等就可以办理自己的业务。而外贸 SOHO 一族就是指具有专业外贸知识，帮助中国企业出口，或是帮助外国客户采购，从中获取佣金或差价的人群。

新手必读3 熟知外贸礼仪，才能轻松入门

俗话说“细节决定成败”，虽然外贸礼仪不是合同的必备条款，但外商往往会根据这些小细节来判断一个人，甚至一个企业。所以，外贸新手在与国外客户接触时一定要注意外贸礼仪，不能让“礼仪”坏了事。

第1节　电话礼仪与规范用语

接听电话的基本礼仪和技巧

如果你的客户给你打来电话，那说明他对你的产品已经产生了兴趣。这个时候，他会不自觉地通过电话对你形成第一印象。第一印象无论是好是坏，都会让客户保留很长时间。所以，作为外贸人员，尤其是外贸新手，一定要清楚：你接听电话的方式就相当于把自己的名片给了顾客一样。

但在外贸实践中，很多外贸人员的英语口语并不是很好，因此接听国外客户的电话显得十分吃力，在听不懂的前提下，当然也谈不上礼仪。这样，就会产生两种后果，一是客户觉得你很不专业，二是流失一笔订单。所以，在接听国外客户的电话时一定要注意一些基本礼仪。

一、重要的第一声

如果是我们给他人打电话，接通电话的瞬间如果能听到对方亲切、优美的招呼声，心里一定会很愉快，双方的对话当然也能够顺利展开，你也会对对方形成一个良好的印象。反过来也是一样，如果你能用清晰而愉快的语调接听客人的电话，即便对方看不到你的面容，但一样能感受良好。为此，打电话时语调要平稳柔和，切忌边打电话边嚼口香糖或吃东西；另外，要吐字清晰、声音悦耳，不要让对方对你的话似懂非懂。

二、要有喜悦的心情

打电话时如果你能保持良好的心情，虽然对方无法看见你，但从你欢快的语调中客户也会被你感染。而且研究表明，面部表情会影响声音的变化，因此即便是在电话中，也要面带笑容，如同真的面对客户一样。

三、迅速准确地接听

外贸人员业务繁忙，桌上有两三部电话是常事，听到电话铃声，应准确迅速地拿起听筒，最好不要让电话铃响超过三声，长时间无人接电话，或让对方久等都是很不礼貌的。所以如果电话铃响了五声你才拿起话筒，那么你应该先向对方道歉，如果你接起电话只是“喂”了一声，那么对方会感觉十分不满，就算嘴上不说，心里也会很不舒服。

四、礼貌有效地问答

如果是接电话，在礼貌问候对方之后应主动报出公司或部门名称以及自己的姓名，千万不要拿起电话劈头就问：“喂，找谁?”如果是你打电话给对方，也要有礼貌性的问候，然后开始交谈。如果你需要留言，应以简洁的语言清晰地报出姓名、单位、回电号码和留言。无论什么原因电话中断，如果你是主动打电话的一方，则应负责重拨。

五、认真清楚地记录

作为外贸人员，随时都要牢记5WIH的电话技巧，所谓5W1H就是指：When，何时；Who，何人；Where，何地；What，何事；Why，为什么；How，如何进行。在外贸工作中，这些都是十分重要的资料。无论打电话还是接电话，记住对方谈话的主要内容都是重要而又礼貌的。

六、认真负责的态度

国外客人打来的电话几乎都与工作有关，每个电话都十分重要，不可敷衍。有时候对方要找的人不在，那么你切忌只说“不在”就把电话挂了，而是礼貌地询问对方是否需要留言或者告知对方要找的人什么时候回来，请对方再次打来电话。总之，每一个客户来电，都要尽可能问清事由，如果自己处理不了，也应认真记下来，委婉地告知对方。这样，既不会误事还能赢得对方的好感。

七、挂电话前的礼貌

一通电话总要有结束的时候，一般应当由打电话的一方提出，然后彼此客气地道别，说一声“再见”，再挂电话，不可只管自己讲完就挂断电话。另外，电话结束时，不要忘记加上一句“thanks for your calling”，并且以“glad to speak with you，good bye”结束，这是很重要的一个礼节。

接听国外客户电话的小技巧

（1）看到有 +19 开头的电话时，要在第一时间准备好纸和笔，以便于做好记录。

（2）电话接起后，礼貌地问声“hello”，对方通常会首先说出他要找的人，如果你听到的是自己的名字，那么需要礼貌地说“this is ×××”，既可以表现出你的友好，又可以确认对方找的人就是自己。

（3）接下来，客户一般就会开始进入正题，但此时你可能还没有完全进入状态，根本不知道对方在说什么，那么，你应该礼貌地将对方引导到你的思路中来，而不是糊里糊涂地听对方说。你可以等他说完一两句话以后，礼貌地插上一句“excuse me，who is that”，那么他会告诉你他的名字，你记下来后接着问“where are you from，please”以知道他是哪国人。一般来说给你打电话的绝大多数都是你在电邮上联系过的人，通过名字和国家，如果你能够想起来，那么他接下来要说的事情你也就心中有数了。如果你没想起来，那就听对方说，不明白的地方，你可以重复一下给他听，那么对方就会回答你“yes”或“no”，然后你可以再接着问其他问题。

（4）在接听时，如果你完全能够听懂对方的话，那当然是好事；但如果你无法了解对方在说什么，也不要一味地说“no”，或是“sorry，I don't know”，你可以说：“I understand what you say，but could you send an E-mail to me to confirm，please?”就是说：“我了解您所说的，但是请您再发一封邮件过来确认一下，好吗?”这个当然不懂装一下懂，但如果你总是说不知道，那么一单生意可能就此泡汤了。

（5）你说话的时候，语速一定不要太快，你一个字一个字地吐出来，既能方便对方听，也能让对方有意识地将语速放慢，这样也方便你听懂对方的话。

第2节　面谈的礼仪

妆容要整洁大方

在外贸实践中，外贸人员经常需要与外商面对面地进行交谈。这就必然涉及个人形象的问题。总的来说，要做到美观、整洁、卫生、得体，具体细节上还要注意头发、面容和化妆的问题。

一、头发

人们在交往的过程中，注意其他人时往往是从头部开始，所以头发整洁、美观在与国外客户的面对面交流中就显得尤为重要，一般来说修饰头发应从以下几个方面多加注意。

首先要勤于梳洗。试想，在会见客户时，如果自己蓬头垢面，满头汗馊，头屑飘扬，既有损自己的形象更有损公司的形象。所以，在会见客户时，务必要认真进行一次头发的打理。如果是男士，一般提倡头发以短为宜；如果是女士，可以剪短发，也可以留长发，但不要将头发随意披散开来。

其次要注意发型。发型的样式很多，应本着自然、大方、整洁、美观的原则，既不要让发型落伍，也不能盲目追赶潮流，重要的是要与自己的年龄、性别、职业、脸型等相符合。此外，不宜在头发上滥加饰品，女士使用发卡、发带时也不要太过夸张。

二、面容

面容是构成一个人基本特征的要素，作为外贸人员在与客户交谈时一定要多加重视自己面容的美化。

首先要保持清洁，让自己的脸干净清爽，无汗渍、油渍及其他不洁净之物。男士要养成每天剃须修面的好习惯，因为在社交场合胡子拉碴也常是失礼的表现。有些女士也有类似胡须的汗毛，这种情况也要清除，否则会显得很不雅观。另外，很多男士都有鼻毛过长的问题，长长的鼻毛伸出鼻孔，让人感觉很不舒服，这种情况一定要及时修剪。而且，耳、鼻、眼等处的分泌物也要清除干净。

其次要注意口腔卫生。无论是日常生活还是与外商交谈，口腔卫生都是不容忽视的。我们不说对健康的影响，单从礼仪角度来说也一样需要重视。可以想象一下，一张嘴满口长满牙垢的牙齿会让你的客户产生怎样的想法呢？所以，一定要注意口腔的清洁，并爱护自己的牙齿；重要的是在你要会见客户之前，切不可抽烟、喝酒，或是食用葱、蒜、韭菜等具有刺激性气味的食物。

三、化妆

俗话说得好："三分长相，七分打扮"，虽然相貌无法改变，但我们可以通过化妆来让自己的面容更加和谐，让人看起来更加舒服。很多男士对化妆总是嗤之以鼻，但实际上在外贸活动中，与国外客户见面时，男士的面容一样重要。如果你的脸干燥得直起皮，或是一脸痘痘等都可能会影响你们的交谈，进而影响交易的下一步顺利进行。而女士则更不用说，一个完美的妆容能让女性更加光彩照人，无疑能为你们的交谈起到锦上添花的作用。

男士的化妆并不需要涂脂抹粉，只要保持面部清洁，涂抹一些滋润保湿（干燥季节）或是清爽控油（潮湿季节）的润肤霜就可以，让自己的面部始终保持清爽干净就好。如果是女士，那么要想化好妆，则需要一番工夫，总的原则是正确、准确、精致、和谐。

所谓正确，就是化妆的部位、色彩搭配、表达目的要遵循根本原则，比如：画眉时，应遵循"三庭五眼"的原则，否则如果眉头超出内眼角，就会显得压抑；两眉离得太远，又会显得缺乏活力。所以，知晓正确的理论很重要。

所谓准确是指技巧而言，如落笔要娴熟，能够准确将理论体现在个体身上。比如你知道了上下唇的厚度比例应为1：2，如果落笔不准，就无法达到最佳效果，甚至适得其反。

所谓精致就是一丝不苟，不要拿起眉笔、口红随便一涂就算完事。如果你的妆容里露出了粗糙的痕迹，那么你也就是在变相地告诉你的客户你

是个不太严谨的人。

所谓和谐就是要从整体考虑。如整个妆面在各个部位的风格、色彩是否统一，与自己的发型、着装、饰品等是否协调搭配，与场合、年龄、职业、社会地位是否一致等。

需要提醒的是，女士在与国外客户面谈时，切忌浓妆艳抹，只要淡妆能够表现出女性的美就可以了。

言谈举止要得当

交谈是外贸活动的中心活动，一场圆满的交谈，可以让你和客人之间沟通感情、建立联系、消除隔阂、促进合作，所以，遵守交谈礼仪十分重要。作为外贸新手，十分有必要对下面所列的建议仔细研读。

一、注意尊重和理解对方

在与客户交谈时，只有尊重和理解对方，才能赢得对方感情上的接近，从而获得对方的尊重与信任。所以，与客户交谈之前，外贸人员要考虑和选择能够让对方接受的方法和态度；了解对方的交谈习惯、文化程度、生活阅历等多个方面，以免在交谈时触犯对方的忌讳，引起不快。

二、交谈时的神态

与外商交谈时表情要自然，应专注地注视对方或凝神思考，不要目光呆滞，或直愣愣地盯着对方。有人在交谈时喜欢四处乱看，目光游离，这是非常不礼貌的表现。如果是多人交谈，还要注意不要把目光集中在一个人身上，要照顾到所有交谈的人。

三、交谈中的语音语调

交谈时语音语调要适中，以对方能够听清楚为原则，不要粗声大气，否则不仅无助于交谈，反而使自己显得缺乏教养。语速要尽量快慢适中，舒张有度，过快或过慢都合适。此外，交谈的态度也很重要，要做到不卑不亢，态度平和热情。

四、交谈中的手势

有时可以借助手势来表达自己的想法，但切忌幅度过大，不要手舞足蹈，甚至用手指点人，这是极其不礼貌的做法。交谈时，与客人的距离要适中，不要拖拖拉拉、拍拍打打；不要左顾右盼，心不在焉，或是不停看表，甚至伸懒腰、玩东西等；也不要将双手置于脑后，或跷二郎腿、挖耳朵、打哈欠等，这些动作都有轻蔑之意。

五、注意及时回应对方

在与客户交谈的过程中，如果客户的某个观点与你的想法相一致，那么一定要迅速抓住时机，用溢美的言辞中肯地肯定这些共同点。这是礼节性地让客户感觉到交谈的愉悦，更是让整个交谈气氛变得活跃、和谐的必杀技。

六、注意交谈中的礼貌用语

在交谈中时时处处都要注意运用礼貌用语，如“您好”“请”“谢谢”“对不起”“打扰了”等，特别是在交谈结束时，一定要向对方道别，如“谢谢您”“再见”等，即便在交谈过程中你与客人发生了争执，也不要有失风度，用尖酸刻薄的话语冷嘲热讽。

七、要有礼貌地互动

在交谈的过程中，首先要注意倾听，应该意识到，听和说是相互的、平等的，不能一个人喋喋不休，让对方没有插话的时间。在倾听对方说话时，可用表情和举止予以配合，从而表达自己的敬意。另外，对方讲话时，也要谨慎地插话，与对方形成良好的互动，以免让对方感觉冷场。但插话要注意选择适当的时机，如与对方的观点一致，或对方说到精彩处等，不要随便中途打断别人的话，要尽量让对方把话说完再发表自己的看法，否则会给人留下自以为是、喧宾夺主的感觉。当然，有时候你可能确实需要在中途插话，那么你一定要征得对方的同意，并表示歉意。

第3节 外贸中的进餐礼仪

进餐的基本礼仪

外贸人员由于经常要与外商打交道，或是验货，或是磋商，所以也免不了要与外商一同进餐，甚至是宴请外商。但吃饭最能体现一个人的素养，你的一举一动，外商也都看在眼里，所以当你与国外客户一同进餐时，一定要懂得进餐的礼仪。为了方便起见，我们把这个规则归结为两个字，即“静”和“净”。

一、静

所谓“静”就是安静，是相对于在进餐过程中的举止而言。因为安静会让人看起来更加稳重和容易接近，外商也会觉得饭吃得更舒服。为此，需要注意以下几点。

（1）席间也难免会聊上几句，话题一定要以客人熟悉的为主，且说话一定要控制音量，不要喧哗。

（2）如果吃中餐，那么餐具多为陶瓷制品，易有响声，所以注意轻拿轻放。

（3）吃、喝不出声是就餐的基本礼仪，所以吃饭要闭着嘴，不要吧唧嘴。

（4）如果与客户吃西餐，注意喝汤不能吹，如果你觉得太热，可以要求重做；如果是中餐，很多菜都要趁热吃，这时你可以先把汤盛在自己的小碗里，等凉下来再喝。

（5）进餐过程中，不要嚼着食物四处走动，这绝对是个不雅的行为。

（6）如果需要暂时离开位子，一定要轻声拉开椅子，否则椅子摩擦地板的噪声会让人很不舒服。

（7）在中餐厅，当你有任何需求时通常可以直接喊服务员来帮忙；但如果是在西餐厅，你只须用眼神示意，或轻抬手即可。

二、净

所谓“净”当然是指“干净”。这一条看似简单，但却有很多细节需要注意，才能保持酒席上的干净，比如：

（1）转台取菜时，每次要适量，以免菜肴散落在桌面上，如果你特别喜欢吃某个菜肴，可分两次取，切忌一次取太多，掉在桌子上。

（2）公盘取菜后，不要将盘内食物弄乱，以便于他人取用。

（3）取酱或其他容易粘连的食物时，不要把整个盘子弄得到处都是，要尽量缩小在盘子中央。

（4）自己吃剩的骨头、鱼刺等不要随便扔在地上或桌子上，要用手、筷子或汤匙放到自己的盘子上，觉得太多后可以要求服务员换个干净的盘

子，直到餐毕都要留意自己的位置的整洁。

（5）如果某个食物你实在咽不下去时，可以吐在餐纸上，放到自己盘内，但一定要用东西遮住。

（6）用餐完毕，不要将筷子乱扔，要并拢平放在筷架上；餐巾纸要平叠在一起；如果用的是布餐巾，可略折一下放在一边。

当然，在餐桌上的礼仪，要讲究起来还有很多，而且根据各国的风俗习惯不同也会有更多不同的做法。但无论如何，“安静”和“干净”是最基本的礼仪要求。

餐厅的选择

如果条件允许，能够找一家国外客户的本土风味的餐厅当然是再好不过了。但很多时候可能做不到这一点，那也没关系，尽你所能选择一家合适的餐厅就好。餐厅不一定多么豪华，但一定要保证干净卫生，无论是餐厅的环境，还是饭菜的品质都要有保证。因为外出工作，身体非常重要，如果你请客户吃顿饭，结果弄得他拉肚子干不了活，那就太让对方失望了。

菜式的选择

如果你没有找到客户的“家乡”菜馆，那就只好请他们吃中餐了。这就要求你在点菜的时候需要格外注意，一定要问一下你的客户：Do you have anything that you don't eat?（有没有什么你不吃的食物?）这个问题既是礼貌性的关心，也是一个很现实的问题。因为老外的体质跟中国人有很大的不同。很多我们看似平常的食物，对他们来说却可能会导致过敏，比如鸡蛋、海鲜、贝类等容易过敏的食物一定要慎重。甚至有的国外客户还曾经对面粉、茄子产生了过敏反应。另外，比如印度人，很多都是素食主义者，这与他们的宗教信仰有关。对于这样的客户，如果他没有自己带食物来中国吃，那你干脆给他点全素的食物。

在点菜的时候要特别关照一下点菜员，最好不要给外商做过辣的食物。因为他们即便在自己的国家很能吃辣，但实践证明，很多外商对中国的辣却很不耐受，不少人吃了辣椒第二天会拉肚子。

餐具的选择

在大城市的大餐厅，一般都有刀叉，但如果你是在小地方，可能无法方便地从餐厅找到刀叉。这种情况下，你在请外国客户吃饭的时候不妨提前帮他们准备一套刀叉带着。因为让他们使用筷子会让他们很不知所措，甚至觉得有点难堪。尤其是第一次使用筷子，如果弄脏了衣服对于商务人士来说也是非常麻烦的一件事情。所以，如果你能够替客户思虑周全，那么他们也一定会心存感激。

关于上菜

对于很多外国人来说，看见脑袋在盘子里面是件非常恐怖的事情。所以在上菜前一定要提醒服务员，鸡一定要去头去脚再端上来，鱼也尽量不要点鱼头之类的菜，什么活鱼、活虾、狗肉、猫肉、蛇肉什么的最好不要点，甚至也尽量不要和他们说我们吃这些。因为在很多外国客人的眼里，这些小宠物就像自己的宝贝孩子一样。

关于夹菜

在中国，为了表示热情，很多主人都会主动为客人夹菜。但这在国外的很多人看来，简直有些不可思议。虽然后来出于卫生和尊敬的考虑，大家开始使用公筷，但公筷的使用在国外也不是很普遍。所以，上菜的时候大家先别动筷子，可以让服务员先用公筷把菜拨到外国客人的盘子里。当然，事先需要询问：Do you want to try this?（要来点这个菜吗?）如果客人愿意，可以请服务员用公筷为外商夹菜。然后，大家再一起吃。

甜点和饮料

进餐时喝点饮品是再正常不过的了，但中国的白酒很多外商都不适应。此外，中国的啤酒度数也要比国外高，所以如果饭后你们还有工作的话，你应该点那种度数低的啤酒。当然，如果你的客户不喝酒，你千万不要勉强。实践中，有很多外国客人在喝过中国的白酒或是啤酒后感到非常难受，这对你们的下一步交谈没有一点益处，还会让他们觉得你这个人很不懂礼貌。如果对方不喝酒，你可以为他点一瓶可乐，或者，你还可能碰到啤酒不喝可乐也不要的，那你就给他上100%纯果汁，这个绝对不会错。

另外，还有甜食。大多数外国人都喜欢在餐后来点儿甜点，所以你也不妨为客人准备一点，当然要放到最后再上。如果甜点不方便，来个水果盘也可以。这样，至少可以算是一顿完整的进餐了。

新手必读4 不得不学的外贸英语

英语作为一种“世界性”的语言，走到哪儿都有用武之地。而对于想要从事外贸工作的人来说，掌握好外贸英语将会对自己的工作起到无法估量的作用，当你以一口流利的英语与对方交流时，当你拿出一份像样的外贸函电时，当你面对着全英文的说明书、合同书依然有条不紊时，你也就走出了“新人”地带，成为一名优秀的外贸人员。

第1节　常用的外贸电话用语与口语

13 种外贸电话的应对

对于外贸新手来说，给国外客人打电话或是接听国外客人电话都难免有点胆怯，遇到一些场景可能会不知道说什么，现将打电话经常遇到的 13 种情况和大家分享。

一、要找的是你自己

甲方：Is Daisy there?　Daisy 在吗?

乙方 1：Speaking.　我就是，说吧。

乙方 2：Thats'me.　我就是。

乙方 3：This is Daisy.　我就是 Daisy。

乙方 4：This is her.　我就是。（注：男的用 This is him.）

乙方 5：You're speaking/talking to her.　你正在跟她说话。

二、要找的人不在

甲方：May I speak to Mr. Gates?　请问 Gates 先生在吗?

乙方 1：He's out.　他出去了。

乙方 2：He's not here right now.　他现在不在这里。

乙方 3：He's in a meeting right now.　他现在正在开会。

乙方4：You've just missed him.　你刚好错过他了。

乙方5：He's just stepped out.　他刚好出去了。

三、要找的人不在，问是否要留言

甲方：Can I talk to Mark?　我可以跟Mark讲话吗？

乙方1：He's out on his lunch break right now. Would you like to leave a message?　他出去吃午饭了，你要留言吗？

乙方2：He's not available right now. Can I take a message?　他不在，我可以帮你传话吗？

四、想知道他要找的人何时回来

甲方：Do you know when he will be back?　你知道他什么时候会回来吗？

乙方1：I'm sorry. I don't know.　抱歉，我不知道。

乙方2：I have no idea.　我不知道。

乙方3：He should be back in 20 minutes.　他应该二十分钟内会回来。

五、问他要找的人在哪里

甲方：Do you have any idea where he is?　你知道他在哪里吗？

乙方1：Sorry. I don't know.　抱歉，我不知道。

乙方2：He's at work right now. Do you want his phone number?　他现在在上班。你要不要他的电话号码？

六、要找的人不在，愿意留言

甲方：Can I leave a message?　我可以留个话吗？

乙方1：Yes. Go ahead, please.　可以，请继续。

乙方2：Of course. Hold on for just a second so I can grab a pen and paper. 当然，稍等一下让我拿纸和笔。

乙方3：Sure，if you can excuse me for just a second. Let me find a piece of paper to write it down. 当然，请等我一下，让我找张纸写下来。

七、接收留言时听不清楚，希望对方重复

甲方：When he comes back，can you have him call me at（206）82889653？ 他回来后，能不能让他打（206）82889653这个号码给我？

乙方1：Can you repeat again，please？ 能不能请你再重复一次？

乙方2：（Say）Again，please？ 再说一次好吗？

乙方3：Pardon？ 抱歉。请再说一次。

乙方4：Come again，please？ 再说一次好吗？

乙方5：I'm sorry？ 抱歉。请再说一次。

八、对方希望你替他/她传话，但你想拒绝

甲方：May I leave a message？ 我能否留个话？

乙方1：You know what？My English is not that great，and I don't want to miss anything. Would you mind calling back later？I'm sorry. 你知道吗？我的英文不太好，我不想听错话。你稍后再打来好吗？我很抱歉。

乙方2：If you don't mind，could you please call back and leave a message on the answering machine？My English is not very good. 如果你不介意的话，能否请你再打一次，然后在录音机上留言？我的英文不太好。

九、要找的是别人，请对方稍等

甲方：Is Brandon there？ Brandon在吗？

乙方1：Yes，he is. One moment，please. 他在。请稍等。

乙方2：Hold，please. 请稍等。

乙方3：Hold on，please. 请稍等。

乙方4：Let me see if he's here. Hang on. OK？ 我看看他在不在。等一下，好吗？

十、对方打错电话

甲方：Can I speak to Alexander Walker？ 我可以和 Alexander Walker 说话吗？

乙方1：Alexander Walker？ I'm sorry，but there's nobody here by this name. Alexander Walker？ 抱歉，这里没这个人。

乙方2：I'm sorry. I'm afraid you've got the wrong number. 抱歉，恐怕你打错电话了。

乙方3：What number did you dial？ 你刚才拨的号码是多少？

十一、要求跟刚刚已经通过话的人再讲话

甲方：Can you put Daisy back on？ I forgot to tell her something. 你能否请 Daisy 再来听电话呢？我忘了跟她讲一件事。

乙方：Sure. I'll go to get her. 当然！我这就去叫她。

十二、电话打不通

甲方：Did it go through？ 打通了吗？

乙方1：The line was busy. 电话占线。

乙方2：I got the busy signals. 电话占线。

十三、请别人去接电话

甲方1：Paul，can you answer the phone？ I'm busy. 你能不能去接电

话？我在忙。

甲方2：Can you get it，Paul？My hands are tied. 你能不能去接电话？我现在不能接。

乙方：Yes，dear. 好的，亲爱的。

外贸常用英语口语

May I have an idea of your prices？ 可以了解一下你们的价格吗？

Can you give me an indication of price？ 你能给我一个估价吗？

Please let us know your lowest possible prices for the relevant goods. 请告知你们有关商品的最低价。

If your prices are favorable，I can place the order right away. 如果你们的价格优惠，我们可以马上订货。

When can I have your firm C. I. F. prices，Mr. Wang？ 王先生，什么时候能得到你们到岸价的实盘？

We'd rather have you quote us F. O. B. prices. 我们希望你们报离岸价格。

Would you tell us your best prices C. I. F. Hamberg for the chairs. 请告诉我你方椅子到汉堡到岸价的最低价格。

Will you please tell the quantity you require so as to enable us to sort out the offers？ 为了便于我方报价，可以告诉我们你们所要的数量吗？

We'd like to know what you can offer as well as your sales conditions. 我们想了解你们能供应什么，以及你们的销售条件。

How long does it usually take you to make delivery？ 你们通常要多久才能交货？

Could you make prompt delivery？ 可以即期交货吗？

Would you accept delivery spread over a period of time? 不知你们能不能接受在一段时间里分批交货?

Could you tell me which kind of payment terms you'll choose? 能否告知你们将采用哪种付款方式?

Will you please tell us the earliest possible date you can make shipment? 你能否告知我们最早船期?

Do you take special orders? 你们接受特殊订货吗?

Could you please send us a catalog of your rubber boots together with terms of payment? 你能给我们寄来一份胶靴的目录，连同告诉我们付款方式吗?

he inquired about the varieties, specifications and price, and so on and so forth. 他询问了品种、花色和价格等情况。

We have inquired of Manager Zhang about the varieties, quality and price of tea. 我们向张经理询问了茶叶的品种、质量、价格等问题。

What's the size? 多大尺寸?

Sixty by sixty. 60×60。

What's the CBM? 体积多大?

What's the best price? 最低价是多少?

How many designs? 有几个款式?

Where shall we deliver? 货送到什么地方?

When shall we deliver? 我们什么时候送货?

What's the minimum quantity? 最小起定量是多少?

There is minimum quantity. 有最小起定量。

Welcome to our factory. 欢迎到我们厂来。

You can come to our factory. 你可以到我们的工厂来看看。

You'll know our products better after this visit. 参观后您会对我们的产

品有更好的了解。

I've been looking forward to visiting your factory. 我一直盼望能够参观贵厂。

We've arranged our schedule. 我们已经安排好了活动日程。

If you have any questions on the details, feel free to ask. 如果您对一些细节有意见，请提出来。

Is it too late to cancel our plans? 现在取消我们的计划是不是太迟了？

Thank you, I will be there on time. 谢谢你，我会准时到的。

We really wish you'll have a pleasant stay here. 我们真诚地希望您能在这里过得愉快。

Let me introduce you to Mr. Ma, general manager of our company. 让我介绍你认识，这是我们总经理马先生。

It's an honor to meet. 很荣幸认识你。

May I have your card? 可以给我一张你的名片吗？

Here is my card. 这是我的名片。

Please have a seat. 请坐。

Here is our catalogue. 这是我们的目录。

Let's go to look at the production line. 我们去看看生产线。

After you. 您先请。

All products have to go through four checks in the whole process. 所有产品在整个生产过程中必须要通过四道质量检验关。

We always put quality as the first consideration. 我们一直坚持质量第一/我们一直把质量放在首位。

You can visit our website. 你可以上我们的网站看看。

What's your general impression, may I ask? 不知您对我们厂的印象如何？

Would you please repeat your offer again? 能再说一遍您的报价吗?

Your offer sounds interesting. 您的报价很吸引人。

This product will save you a lot of money and time. 这个产品将为你节省大量的金钱和时间。

You're shrewd. 你真精明。

I would like to ask you a favor. 我可以提个要求。

I'm sorry to inform you of this, but we found that... 很抱歉通知您,我们发现……

How do you suggest this bi handled? 您认为该怎么处理呢?

I'd like to make an appointment with Miss Liu. 我想跟柳小姐约个见面的时间。

Sorry, but could you kindly repeat what you just said? 不好意思,可以重复一遍您刚才说的话吗?

Can you speak slowly? 请您说慢点好吗?

I think we can draw up a plan now. 我觉得现在我们可以先草拟一个方案。

I think we may be able to work together in the future. 我想我们将来或许能够合作。

第2节 如何写外贸函电

有关外贸函电的简单介绍

外贸函电就是有着国际贸易关系的双方由于彼此的业务往来而产生的信件,是建立对外贸易关系和外贸往来的重要手段。但随着信息科技不断

发展，该信件出现了电子邮件、传真等多种形式，且在实际操作中，正式的信函主要都是通过电子邮件或传真的形式发送。

但是无论以哪种形式发送的外贸函电都是由标题、正文和签名组成的，函电的常用内容则多为建立业务关系、询盘、发盘、回复、销售合同、包装、保险、赔偿、仲裁等。在撰写外贸函电的时候有四个基本要求，即：主题明确，内容简洁，语言精练，表述完整。

另外，还要注意的是，外贸函电并不是只要将内容表达清楚就可以了，它还要有一定的格式，如：固定的语言、习惯用法和常用句型。语气也是外贸函电需要格外注意的一点，比如，如果你写的是开发信、询盘回复等，一般要客气，表达感谢；如果是平常的业务联系要细心，并表达出信任；如果是催促对方付款，那么你的语气要紧急但又不失礼貌；如果是客户索赔，那么语气要表示出理解，同时要给予足够的解释和说明。

写好外贸函电的七大原则及举例

一、外贸函电应遵守的七大原则

写好外贸函电要遵守几项重要原则，如下。

（1）Courtesy　礼貌。外贸函电的语言要有礼、谦虚，不仅如此，及时回复对方也是有礼貌的一种表现。

（2）Consideration　体谅。写信时要时时处处注意从对方的角度来考虑，而不是一切从自身出发，只有这样才能在语气上更尊重对方。如："You earn 3 percent discount when you pay cash" 就比 "We allow 3 percent discount for cash payment" 要好。

（3）Completeness　完整。一封好的外贸函电应该能够将各项必需的事项都概括到，比如，如果是邀请信应写明时间、地点等，千万不要寄出含混不清的信件，让对方感到无所适从。

（4）Clarity 清楚。外贸函电的意思表达要明确，因此要注意：①避免用词错误：②注意词语所放的位置；③注意句子的结构。

（5）Conciseness 简洁。英语毕竟不是我们的母语，所以在运用起来有时会显得啰唆，这会让对方感觉到很不舒服，所以书写外贸函电时一定要避免废话连篇，如：Enclosed herewith please find two copies of... 可改为 We enclose two copies of...

（6）Concreteness 具体。在外贸函电中，不要只是泛泛而谈，内容一定要具体，否则对方会感觉到空洞无物，不知所云。

（7）Correctness 正确。正确是外贸函电的重中之重，因为函电中的错误或是纰漏会让对方造成很大的误解，从而可能会导致整个交易出现差错。

二、外贸函电示例

Re：packing problem

Dear Mr Cherry,

Thanks for your last E - mail.

We've informed the manufacturer to have them packed as per your instruction. We are sure the new packing will give your clients satisfaction.

Should you have any question, please do feel free to contact us!

Best Regards.

Marry

WEI DA CO.，LTD

TEL（DIR）：0315－2356－××××

FAX：0315－2356－××××

E－MAIL：marry，li@×××.com

WEBSITE：http：//www.×××.com

这是一封回复包装问题的外贸函电，简洁明了，又不失礼貌，大致翻译如下：

回复：包装问题

亲爱的查理先生：

感谢您的上次来函。

我们已经通知厂商按您的要求进行包装，相信新的包装一定会让您满意。

如果有任何问题，请随时联系我方。

此致

玛丽

WEI DA 有限公司

电话（直线）：0315－2356－××××

传真：0315－2356－××××

电子邮箱：marry，li@×××.com

网站：http：//www.×××.com

我来试试

根据下面的内容，撰写一份外贸函电。

尊敬的先生：

本公司是联合王国主要电气用品出口商之一，经营各种各样的电气用品，现特具函自我介绍。

随函附寄我公司经常出口的产品目录一份，相信其中有些产品贵公司将会感兴趣的。

我们欢迎贵公司来函询购各种类型的电气用品。我们一定按照贵公司的询价单，寄送报价单，所报价格将是以英镑计算的，联合王国口岸船上交货价，包括包装费用。支付条件另议。

万一贵公司不经营电气用品的进口业务，请费神将本函转致有关经营电气用品的进口公司。此致谢意。

候复。

外贸函电中的常用“客套话”

Please accept our thanks for the trouble you have taken. 有劳贵方，深表感谢。

We are obliged to thank you for your kind attention in this matter. 贵方对此事的关照，不胜感激。

We tender you our sincere thanks for your generous treatment of us in this affair. 对贵方在此事中的慷慨之举，不胜感激。

Allow us to thank you for the kindness extended to us. 贵方盛情，不胜感谢。

We thank you for the special care you have given to the matter. 贵方的悉心关照，不胜感激。

We should be grateful for your trial order. 如承试订货，不胜感激。

We should be grateful for your furnishing us details of your requirements. 如能给予具体要求，不胜感激。

It will be greatly appreciated if you will kindly send us your samples. 如承惠寄样，不胜感激。

> **小贴士** 外贸函电首先要写好称呼。称呼的位置多在封内地址下两行，从顶格写起，称呼后一般用逗号（英国式）或冒号（美国式）。收信人是个人，可以选用以下相应称呼：
>
> Dear Mr. Smith——收信人为男性。
>
> Dear Mrs. Brown——收信人为已婚女士。
>
> Dear Miss Jeniffer——收信人为未婚女士。
>
> Dear Ms. David——收信人为女性但婚姻状况不明。
>
> Dear Mason——收信人为熟人或是朋友。

We shall appreciate it very much if you will give our bid your favorable consideration. 如承优惠考虑报价，不胜感激。

We are greatly obliged for your bulk order just received. 收到贵方的大宗订货，不胜感激。

We assure you of our best services at all times. 我方保证向贵方随时提供最佳服务。

If there is anything we can do to help you, we shall be more than pleased to do so. 贵公司的需求，我公司将尽力效劳。

It would give us a great pleasure to render you a similar service should an opportunity occur. 如有机会效劳贵方，将不胜欣慰。

We spare no efforts in endeavoring to be of service to you. 我方将竭尽全力

为贵方效劳。

We shall be very glad to handle for you at very low commission charges. 我方非常希望与贵方合作，收费低廉。

We have always been able to supply these firms with their monthly requirements without interruption. 我方始终都能连续供应这些公司每月所需的数量。

We take this opportunity to re – emphasize that we shall, at all times, do everything possible to give you whatever information you desire. 我们借此机会再次强调，一定会尽力为贵方提供所需信息。

We are always in a position to quote you the most advantageous prices for higher quality merchandise. 我们能始终向贵方提供品质上乘、价格优惠的产品。

This places our dealers in a highly competitive position and also enable them to enjoy a maximum profit. 这样能帮助我方具有很强的竞争力，并可获得最大利润。

We solicit a continuance of your confidence and support. 恳请贵方继续给予信任，大力支持。

第3节　最常用的外贸英语缩略语

CFR（cost and freight）　成本加运费价

T/T（telegraqhic transfer）　电汇

D/P（document against payment）　付款交单

D/A（document against acceptance）　承兑交单

C. O（certificate of origin）　一般原产地证

G. S. P (generalized system of preferences)	普惠制
CTN/CTNS (carton/cartons)	纸箱
PCE/PCS (piece/pieces)	只、个、支等
DL/DLS (dollar/dollars)	美元
DOZ/DZ (dozen)	一打
PKG (package)	一包、一捆、一扎、一件等
WT (weight)	重量
G. W. (gross weight)	净重
N. W. (net weight)	毛重
C/D (customs declaration)	报关单
EA (each)	每个，各
W (with)	具有
W/O (without)	没有
IMP (import)	进口
EXP (export)	出口
M/V (merchant vessel)	商船
S. S (steamship)	船运
MT 或 M/T (metric ton)	公吨
DOC (document)	文件、单据
INT (international)	国际的
P/L (packing list)	装箱单、明细表
INV (invoice)	发票
PCT (percent)	百分比
REF (reference)	参考、查价
EMS (express mail special)	特快专递
STL. (style)	式样、款式、类型

T 或 LTX 或 TX（telex） 电传
S/M（shipping marks） 装船标记
PR 或 PRC（price） 价格
PUR（purchase） 购买、购货
S/C（sales contract） 销售确认书
L/C（letter of credit） 信用证
B/L（bill of lading） 提单
FOB（free on board） 离岸价
CIF（cost，insurance&freight） 成本、保险加运费价

第 4 节　九大外贸场景常用英语

一、场景一——国际贸易

出口信贷	export credit
出口津贴	export subsidy
商品倾销	dumping
外汇倾销	exchange dumping
优惠关税	special preferences
保税仓库	bonded warehouse
贸易顺差	favorable balance of trade
贸易逆差	unfavorable balance of trade
进口配额制	import quotas top - sales. com. cn
自由贸易区	free trade zone
对外贸易值	value of foreign trade

国际贸易值	value of international trade
普遍优惠制	generalized system of preferences - GSP
最惠国待遇	most - favored nation treatment - MFNT

二、场景二——价格条件

价格术语	trade term（price term）
运费	freight
单价	price
码头费	wharfage
总值	total value
卸货费	landing charges
金额	amount
关税	customs duty
净价	net price
印花税	stamp duty
含佣价	price including commission
港口税	portdues
回佣	return commission
装运港	port of shipment
折扣	discount，allowance
批发价	wholesale price
零售价	retail price
现货价格	spot price
期货价格	forward price
现行价格（时价）	current price prevailingprice
国际市场价格	world（International） Marketprice

离岸价（船上交货价）	FOB – free on board
成本加运费价（离岸加运费价）	C&F – cost and freight
到岸价（成本加运费、保险费价）	CIF – cost，insurance and freight

三、场景三——交货条件

交货	delivery
轮船	steamship（缩写 S. S）
装运、装船	shipment
租船	charter（the chartered shep）
交货时间	time of delivery
定程租船	voyage charter
装运期限	time of shipment
定期租船	time charter
托运人（一般指出口商）	shipper，consignor
收货人	consignee
班轮	regular shipping liner
驳船	lighter
舱位	shipping space
油轮	tanker
报关	clearance of goods
陆运收据	cargo receipt
提货	to take delivery of goods
空运提单	airway bill
正本提单	original B "/" L
卸货港	port of discharge
目的港	portof destination

选择港（任意港）	optional port
选港费	optional charges
选港费由买方负担	optional charges to be borne by the Buyers
1 月装船	shipment during January 或 January shipment
1 月底装船	shipment not later than Jan. 31st. 或 shipment on or before Jan. 31st.
1/2 月装船	shipment during Jan. /Feb. 或 Jan. /Feb. shipment
在……（时间）分两批装船	shipment during... in two lots
在……（时间）平均分两批装船	shipment during... in two equal lots
分三个月装运	in three monthly shipments
分三个月，每月平均装运	in three equal monthly shipments
立即装运	immediate shipments
即期装运	prompt shipments
收到信用证后 30 天内装运	shipments within 30 days after receipt of L/C
不允许分批装船	partial shipment not allowed partial shipment not permitted

四、场景四——交易磋商、合同签订

订单	indent
订货、订购	book; booking
电复	cable reply
实盘	firm offer
递盘	bid; bidding

递实盘	bid firm
还盘	counter offer
发盘（发价）	offer
发实盘	offer firm
询盘（询价）	inquiry；enquiry
指示性价格	price indication
速复	reply immediately
参考价	reference price
习惯做法	usual practice
交易磋商	business negotiation
不受约束	without engagement
业务洽谈	business discussion
限××复	subject to reply ××
限××复到	subject to reply reaching here ××
有效期限	time of validity
有效至××	valid till ××
购货合同	purchase contract
销售合同	sales contract
购货确认书	purchase confirmation
销售确认书	sales confirmation
一般交易条件	general terms and conditions
以未售出为准	subject to prior sale
需经卖方确认	subject to sellers confirmation
需经我方最后确认	subject to our final confirmation

五、场景五——贸易方式

拍卖	auction
寄售	consignment
招标	invitation of tender
投标	submission of tender
一般代理人	agent
总代理人	general agent
代理协议	agency agreement
累计佣金	accumulative commission
补偿贸易	compensation trade
抵偿贸易	compensating/compensatory trade
往返贸易	counter trade
来料加工	processing on giving materials
来料装配	assembling on provided parts
独家经营/专营权	exclusive right top - sales. com. cn
独家经营/包销/代理协议	exclusivity agreement
独家代理	sole agency; sole agent; exclusive agency; exclusive agent

六、场景六——品质条件

品质	quality
原样	original sample
规格	specifications
复样	duplicate sample
说明	description

对等样品	countersample
标准	standard type
参考样品	reference sample
商品目录	catalogue
封样	sealed sample
宣传小册	pamphlet
公差	tolerance
货号	article No
花色（搭配）	assortment
样品	sample
5% 增减	5% plus or minus
代表性样品	representative sample
大路货（良好平均品质）	fair average quality

七、场景七——商检仲裁

索赔	claim
争议	disputes
罚金条款	penalty
仲裁	arbitration
不可抗力	force Majeure
仲裁庭	arbitral tribunal
产地证明书	certificate of origin
进口许可证	inportlicence
出口许可证	exportlicence
品质检验证书	inspection certificate of quanlity
重量检验证书	inspection certificate of weight（quantity）

商品检验局　commodity inspection bureau（C. I. B）

品质、重量检验证书　inspection certificate

八、场景八——数量条件

个数　number

净重　net weight

容积　capacity

毛作净　gross for net

体积　volume

皮重　tare

毛重　gross weight

溢/短装条款　more or less clause

九、场景九——外汇

外汇　foreign exchange

外币　foreign currency

法定贬值　devaluation

法定升值　revaluation

汇率　rate of exchange

浮动汇率　floating rate

国际收支　balance of payments

硬通货　hard currency

软通货　soft currency

通货膨胀　inflation

直接标价　direct quotation

间接标价　indirect quotation

买入汇率	buying rate
卖出汇率	selling rate
固定汇率	fixed rate
金平价	gold standard
金本位制度	gold standard
黄金输送点	gold points
铸币平价	mint par
纸币制度	paper money system
国际货币基金	international monetary fund
黄金外汇储备	gold and foreign exchange reserve
汇率波动的官定上下限	official upper and lower limits of fluctuatio

新手必读5 外贸实战技巧

俗话说“实践出真知”，不管你学了多少理论知识，如果没有实践，也无法让自己迅速成长为外贸老手。所以，当掌握了一定的基础知识后，就要真刀实枪地进入实战了。在外贸实战中，外贸新手往往会有更多的收获。

第1节　你的客户在哪里

知己知彼，客自来

作为外贸新手，最忌上来就一股脑地推销。想想看，如果你对自己的产品都不了解，如果你对客户的需求都不知道，对产品市场以及竞争对手都一无所知，怎么可能做好外贸业务呢？所以，外贸新手在寻找客户之前，首先要做到知己知彼。

所谓知己，就是熟悉自己要卖的产品。在你与客户交谈之前，或者说在你找客户之前，你先要对自己的产品了然于心，比如你要知道产品的功能、价格、优势、劣势，甚至还要适当了解产品的生产流程、竞争对手的相关情况等尽可能多的信息。这样才能对客户的提问对答如流，试想，如果你对客户的问题总是一问三不知，又有谁愿意相信你并继续与你谈合作呢？

如果你认为知道了这些就已经做到了“知己”，那就大错特错了。对产品的“硬件”了解之后，更要掌握产品的“软件”，也就是你得对产品有一个明确的定位，要知道自己的产品究竟是以质取胜还是以价格取胜？是想要占领欧美市场还是主攻非洲国家？……这些问题都是外贸人员必须要思考的问题，你思考得越多，对产品的定位就越准确，目标市场也就能找得越到位。

有了明确的目标市场，你就要开始做“知彼”的工作了，除了对目标市场的分析你还需要做一些题外的功课，比如，对于目标市场的民俗习惯、文化生活、地理政治、宗教信仰等都要了然于胸，有时候往往是不起眼的小细节可能就会成为影响全局的关键。因此，要想抓住客户，做到知己更要做到知彼。

利用网络来搜索客户

不少外贸新手都会抱怨，一整天坐在电脑前却不知道该做些什么，要寻找客户却不知道从哪里入手。虽然有些有经验的前辈指点了说“可以在网上搜索客户”，但对外贸新手来说，这个提醒还显得有些不够具体。下面就介绍两种最简单、最常用的网上搜索客户的途径。

一、利用搜索引擎

现在搜索引擎有很多，在世界范围内使用最为广泛的就是 Google，这里就以 Google 为例。另外，还有部分国家和地区范围内应用较为广泛的，如中国的百度、搜狗等。找好了搜索引擎就要开始搜索了，通常有以下几种方法：

> **小贴士** 一般情况下，每个国家的公司，其名称后缀都不一样，如中国公司的名称习惯是 Co. LTD，美国习惯用 INC、LLC 等，意大利习惯用 S. R. L，西班牙习惯用 S. P. A。把产品名称或产品属于哪个大范围的名称直接输入 Google 中，也会出现不同的结果。

1. 直接输入关键词

同一产品的名称往往可以翻译成不同的英文，比如鞋子，翻译成英文可以是 shoe，也可以是 footwear 等，分别输入它们去搜索，就可以得到不同的搜索结果，每个关键词都会搜出很多国外相关公司的网站等信息。有了它们的网站，你就可以打开来看他们的相关信息，并发邮件给他们。此外，将同一关键词翻译成不同的语言

搜索也是不错的方法，或者用关键词 + importer/distributor/buyer/ wholesaler/agent 等，都能得到不同的搜索结果。

另外，常用网络的人可能都知道，搜索引擎有个“爬虫”原理，因此，一般排在前几页的搜索结果会比较有效，因为这些网站内容基本都是最近更新的。

2. 用当地 Google 进行搜索

Google 在世界上每个国家基本都有分公司，所以你可用当地的 Google 输入关键词进行搜索。举个例子，德国的域名是 www. google. de，你打开后再输入关键词，就很容易找到德国当地的客户信息，搜索的结果更精确。不过，使用这种方法，最好是将关键词翻译成当地语言再去搜索，这样就可以找到更多有关当地公司的信息。

3. 巧用 Google 地图搜索

国外的不少公司都会在 Google map 上标出自己公司的地理位置，以便于他们的客户寻找，所以用 map 搜索你也可以找到一些相关客户的信息。比如，在 Google. co. uk map 里输入你想找的关键词，也会有不一样的收获。

4. Google 图片搜索

和上面的道理一样，很多公司都会将自己产品的图片放在 Google 图片里来展示，这样，当你在 Google 图片的搜索栏中搜索你的产品关键词时，也可以查找到目标客户的网站。

5. 国外展会网站搜索

全球各地，特别是发达国家，几乎每年都会举办各种各样的专业展会，如德国的杜塞尔多夫鞋展、美国的拉斯维加斯服装展等。所以，如果你在 Google 里输入“产品关键词 + tradeshow/exhibition/trade fair”，常常能够找到与你的产品相关的展会网站，进而找到国外展商名录及联系方式。

二、利用外贸网站

现在有很多专业性的外贸网站和外贸论坛，都可以供外贸人员学习知识或是和其他网友交流经验。更重要的是，你可以从中找到一些客户信息。比如，非常有名的“世界买家网”，网站上的进口商信息和各项数据等每天都会更新，你可以对这些信息进行查看和整理，从中挑选出一些意向客户写开发信，慢慢地就会收到一定的效果。此外，中国最成功的外贸网站之一——福步外贸论坛网上也有很多知识、经验值得外贸新手去学习。

目前具有实用价值的外贸网站和论坛有很多，既能学到知识又可找到客户，比如以下网站都值得外贸新手们收藏和利用：

世界买家网：http：//win. mofcom. gov. cn

THOMAS：http：//www. thomasnet. com

福步外贸论坛：http：//bbs. fobshanghai. com

沱沱网中文站：http：//china. tootoo. com

B2B网站给你搭建客户平台

B2B的英文是Business To Business，意思是企业与企业之间通过互联网进行产品、服务以及信息的交换。因此，在这里常常能够找到客户，并了解到很多与客户相关的信息。

一、免费平台与付费平台

在众多的B2B网站中有些是免费平台，有些是付费平台。如果你的公司有付费平台，比如阿里巴巴，那当然最好不过。因为在付费平台上你可以享有更多的会员权限，得到更多、更准确的信息，这样你成交的机会就

更大。但很多公司并没有付费平台，因为即使是免费平台，如果能够管理得好，也一样可以收到不错的效果。如果你的公司没有付费平台，你可以多注册一些免费 B2B 平台，然后在上面发布产品的相关信息（最好是附上清晰美观的图片）或是搜索客户信息。需要注意的是，你对产品关键词的设定一定要选择那些最容易被客户搜索到的关键词。

二、注册适合自己的 B2B

俗话说“勤能补拙”，如果你的时间允许，当然多注册一些 B2B 网站也没有什么坏处，因为你发布的信息越多，机会也就越多，说不定哪天就会收到询价和订单，到时候你的辛苦就变成了财富。但对于很多外贸人来说，一般都没有太多的时间和精力来维护众多的 B2B 网站。与其哪个也照顾不过来，倒不如选择注册几个最适合自己的来进行重点维护来得更现实、更有效。

那么，我们如何找到适合自己的 B2B 网站呢？这里给外贸新手们推荐一种方法，就是结合 Google 或是 Yahoo 等搜索引擎来确定。举个例子，如果你的公司生产鞋子，你就可以在搜索引擎里输入 shoe、shoe buyer、shoe importer、shoe supplier、shoe seller 等关键词，这样你就可以得到相应关键词的搜索结果。通常，每一个关键词的搜索结果都会有几十页，那么你只要选择前一页进行 B2B 网站注册就可以了。而后面的时机你也可以整理一下其中的客户资料，作为你的目标客户进行开发。

和主动到外贸网站搜索客户相比，这种方法有点守株待兔的意思，但效果通常都不错。但是要注意一点，不要注册完就不管了，一定要常常登录查看并完善和更新自己的信息，关注求购信息，关注同行发布的信息等。

三、值得参考的 B2B 网站

1. 亚洲

易创电子商贸　www. ectrade. com

中国黄页　www. chinapages. com

贸易黄　www. tpage. com

台湾黄页　http：//yellowpage. com. tw

外国企业中文网　www. chinaexcite. com

汉尼拔　www. hanniba. com

二十一世纪电子商务　www. ec21. net

在线贸易　www. cytra. co. kr

大鸟电子商务　www. ibrd. com

在线贸易展览　www. bmp. ne. jp

韩国资源　www. koreansource. com

阿里巴巴　www. alibaba. com

贸易张贴　tradepost－chat. com

贸易总汇　www. tradeatoz. com

台湾制造商　http：//www. manufacturer. net

台湾贸易机会　htpp：//manufacturer. com. tw

台湾商业贸易机会　www. commerce. com. tw

产品在线　www. tradeserv. com

香港产品　www. hkprod. com. hk

印度贸易　www. trade－india. com

2. 美洲

贸易地带　www. tradezone. com

世界竞标　www. worldbid. com

数字领先 www. digilead. com

三 A 贸易 http：//aaatrading. com

世界商务俱乐部 www. wbc. com

国际贸易 www. intl－trade. com

万韦中心 www. insidetheweb. com

世界贸易总汇 www. wtvusa. como

世界贸易网 www. wt. net

加拿大贸易网 www. bc－trade. net

加拿大亚洲网络资源 www. netsource－asia. com

墨西哥商务资源 www. mexconnect. com

墨西哥贸易 www. mextrade. com

巴西世界市场 http：//worldwidemart. com

网上商店 www. shops－online. com

贸易代理 www. tradeagent. com

在线商机 www. onlineleads. com

贸易地带 www. tradearea. com

拉美商务区 www. datapack. com

委内瑞拉工商目录 www. ddex. com

3. 欧洲

欧洲电子商务 www. eceurope. com

欧洲商务 www. bizeurope. com

欧洲黄页 www. europages. com

丹奈克斯贸易公告板 www. danex－exm. dk

金钱中心 www. thedollar. com/center

法国黄金贸易网 www. golden－trade. com/

沃尔夫世界贸易网 http：//wtn－de. com

奥地利贸易公告板　www. trade - board. com

英国商业万韦网　www. countyweb. co. uk

希腊大理石国际网　www. greekmarble. com

法国出口网　www. france. abcexports. com

荷兰贸易网　www. ssrholland. net

意大利贸易网　www. italtrade. net

保加利亚市场　www. bia - bg. com/market/default. htm

捷克贸易网　www. tradenet. cz

罗马尼亚贸易网　www. extrem. ro/form. htm

俄罗斯贸易网　www. russia - trade. com/

波兰贸易网　www. poltrade. top. pl

全球项目市场网　http：//gpmn. com

4. 非洲

阿拉伯市场　www. arabbuild. net

非洲贸易网　www. africatrade. co. za

埃及贸易网　www. egtrade. com

非洲经贸信息网　http：//mbendi. com. za

即时网聊找客户

互联网改变了一切，包括外贸。凭借一台上网的电脑，你几乎可以获取所需的一切知识和信息，处理与外贸相关的绝大部分工作。通过网站来展示产品，发布广告，寻找客户，通过电子邮件、MSN 和 QQ 一类的即时聊天软件来洽谈生意，无论客户身处世界的哪个角落，都可以“面对面”交流，仿佛大家坐在一张会客桌前一般。毫不夸张地说，“一台电脑打天下”已经成为外贸的主流，因此也诞生了新的名词“外贸网商”。

让我们一步步来看，如何开展网上外贸。首先要建立一个网站，在互联网上宣传你的产品。除非你已经有了现成的客户，否则，建立一个好的外贸网站，是网上外贸应该做的第一件事。在现代贸易中，网上有自己的固定主页，某种意义上就如同传统贸易中拥有一个固定门面，贸易机会增加了几倍：不但你可以找客户，更重要的是有需求的客户也可以找到你。同时，有固定的网站，客户在一定程度上也增加了对你的信心。

建立商业网站成本并不高。首先，你需要找一家“ISP 网络服务商”，也就是国家电信部门授权进行网络服务的运营商。通过 ASP 网络服务商来注册一个域名，也就是你在互联网上的地址。有了这个地址在世界上任何一个角落都能看到你的网页。域名的格式一般是 www. ×××. com。其中，×××部分是你自己起的名字，由数字或英文字母组成。当然，你可以起任何你喜欢的名字，响亮的、有趣的或容易记住的。不过建议最好避免使用下画线与短杠，或数字“0”与字母“O”混用等，因为这通常容易造成别人抄写你的地址时笔误。这种笔误比现实生活中寄信地址上的笔误更糟糕，域名错误会导致彻底迷失。最简单的方法，用你的公司名字的拼音或英文来做名字。假如不幸与别的域名重复的话（随着注册域名的人越来越多，冲突的情况越来越常见，甚至有人专门注册域名，然后卖给喜欢或需要这个域名的人），再略作调整，比如加上地名或缩写等。

此外，你还需要向网络服务商租用一个虚拟主机。所谓虚拟主机，不妨理解为互联网中一台 24 小时开机的所有人都能使用的电脑，用以存放你网站上的网页内容，比如产品图片和介绍文字等。虚拟主机的容量一般在 100M 以上，这个容量足以存放数千张普通图片和百万字的介绍，显然完全可以保证一个外贸公司的需求。

有不少正规的网络服务商都可以提供注册域名和租赁虚拟主机的服务，在 Google 里输入关键词“域名注册”和“虚拟主机”，可以找到大量这样的服务商，比如有名的中国资源网。域名和主机两项加起来，每年的费用目前不过300多元。租用虚拟主机的时候，通常还会提供一个专有的、以你的域名为后缀名的电子信箱。你还可以设置更多的电子信箱，后缀名一样而前缀不同，分给你的下属或同事使用，或自己用于不同的地方，你的ISP服务商会详细告诉你设置方法。

有了域名和虚拟主机，接下来就可以建立网站。网站由多个网页组成。网页的制作，可以委托你的ISP网络服务商或专门的网站设计制作公司来做，这样的公司或公开/半公开的个人服务者有很多。根据网页内容的多少和复杂程度，费用在几百元至几千元不等。当然，假如你自己就会一点网页制作的技术，就更好了，因为能操作就省去了不断委托别人修改的麻烦。

一般的外贸商业网站，都会有中英文两个版本，方便国内与国外的访问者。假如你的产品有特定的客户群，比如基本上销往日本，那么不妨加上日本版。内容上一般至少包含“企业介绍”（company profile）、“产品介绍”（product）和“联系方式”（contact）三部分。

网站建立起来以后，一定要利用一切机会来做推广。首先在你所有的公司宣传资料，无论是媒体广告、产品目录、传真、电子邮件、名片上等都加上你的网址。

多去展会觅客户

展会是迄今为止最为有效的出口营销方法，因为很多企业都想要借助参加展会帮助自己迅速打开市场，并了解行业市场的动态。所以，外贸新手多参加一些展会常常会有不小的收获。

每年在世界范围内都会有很多国际性的大展会，当然作为国内的外贸人员时常出国参加展会的机会并不多，那么你可以多多关注中国的面向全球的展会，如广交会等。在展会上，会有很多来自世界范围内的采购商，

凡是来参加展会的，一般都不是随便逛逛，所以在展会上成交的机会很大。至于究竟什么时候有展会、展会在哪儿举办等信息，你可以登录“中国展会信息网”等网站进行查询。

当然为了能够在展会上收获更多，你需要在前期做一些准备。比如：

（1）准备好个人名片、产品目录、公司介绍等相关资料；

（2）对自己的产品要了然于胸，以便向外商介绍时能够应对自如；

（3）做好心理准备，与外商交流时要不卑不亢、充满自信，当你面带微笑与自信，熟练地介绍产品时，很能打动外商并促成交易；

（4）提前做好英语口语准备，最好先打好腹稿，为良好交流打下基础。

第2节　写好开发信对你很有帮助

何谓开发信

开发信是外贸业务员将自己公司的产品、服务、优势等通过邮件、信函等发送给潜在的国外客户，希望建立合作关系，共同发展；潜在的国外客户收到邮件、信函后，若有意向，就会与外贸业务员做更进一步的沟通、谈判。

外贸开发信的最大优势就在于卖方可以最大限度地降低开发国外客户的成本，因为借助于开发信这种形式只需外贸业务员、一台电脑、网络就可以完成，甚至可以不需要开通国际长途电话。但这一点也是外贸开发信的缺点所在，因为这种方式可能会因为客户的邮箱地址不正确等各种原因而被拒收，也可能因为无法通过电话催促客户回复邮件而只能被动地等待，结果可能就会导致错失与国外客户确立合作关系的机会。

但不管怎样，作为外贸新手，开发信都是外贸活动中不可缺少的一部分，所以一定要学会写好开发信。

开发信的格式与内容

一、开发信的格式

一封完整的开发信通常由六个部分组成。

一是信头。传统的开发信信头包括写信人的地址和写信日期，一般写在信笺的右上角。日期通常有下列两种定法：（1）月、日、年：如 August 15，2006。（2）日、月、年：如 15th august，2006 。地址的写法一般是由小到大，如：门牌号、街道名、市（县）名、省名、国名（邮政编码通常写在城市名之后）。地址可以写 1 ~3 行，日期写在地址的下方。

但现在基本上都是用电子邮件的形式发送开发信，由于邮件可以自动显示日期，而公司的地址和联系方式都在信的最后表示，因此现在的电子邮件开发信不采用这种开头，而是直接从称呼开始。

二是称呼。如 Dear Xiaojun，写在信头的下方和信笺的左边。称呼一般用 Dear... 或 My dear... 开头，称呼后一般用逗号。

三是正文。正文是开发信的主体，写信人正是要通过正文来让客户对自己的产品、服务感兴趣，所以正文

> **小贴士**
>
> 开发信写得好坏，很多时候直接关系到回复率。所以不要自己写一个模板，甚至网上抄个模板，就漫天乱发，这样只能是石沉大海。原因就是缺少针对性，你只有让客户觉得你是个认真的人，且从你的邮件里一眼就能感觉到你很专业且与众不同，将来合作的概率才大。

要求文字通顺，层次分明，表意清楚。

四是结束语。结束语是书信结尾的客套话，多是“祝好”“致礼”之类的话语，如“Best wishes for you”等。

五是签名。签名通常签在结束语下方从左面顶头，在签名的上方可根据写信人和收信人的关系写上 Sincerely yours/Yours sincerely（用于长辈或朋友之间），或 Respectfully yours/Yours respectfully（用于对长辈或上级）。

六是联系方式。一般在信的结尾要留下公司的名称和联系方式，包括电话、传真、电子邮件等。

二、开发信示例

Hi Sir,

Glad to hear that you're on the market for fiberglass. We specialize in this field for several years, with the strength of chopped strand mat and stitch chopped strand mat, with good quality and pretty competitive price.

Should you have any questions, pls do not hesitate to contact me. FREE SAMPLES will be sent for your evaluation!

Tks & br,

Jack

××××company（这里留下公司名称、电话、传真、邮件就可以了，正文就可以写得很简单）

Tel：×××

Fax：×××

E-mail：×××

Website：××××××（如果要在里面加上网页链接，请放在签名里，不要放在正文，让人感觉更像搞推销的，不太好）

写好开发信的要点

要写好开发信，一定要注意几个要点，既要符合国外客户的胃口，又不要犯了戒。这里总结了外贸开发信的写作中应注意的一些要点，供外贸新手们参考。

一、信不要写得过长

客人每天都可能收到数百封类似的邮件，而且老外的时间观念一般都很强，他们常常会每天拿出固定的时间用来处理 E - mail，所以对于那些长篇大论，若非自己的熟人，他们常常会直接删除，或把你的地址设为垃圾邮件。

二、邮件要有明确的主题

主题不明确会让客人根本没兴趣去打开你的邮件，且内容要言简意赅，直接吸引客人通过主题去点开邮件。

三、不需要长篇大论地介绍公司或工厂

公司的情况是否需要介绍要看具体情况，比如你的公司有突出优势，可以写写，但只要点一下就可以了。如：We supply solar lights for Home Depot with high quality and competitive price. Hope to cooperate with you！简单一两句话吊起客户的胃口，让他反过来问你，那么你的目的就达到了。

四、使用最简单的词汇和句子

外贸函电的精髓就是“简单到不能再简单”，谁能用最少的句子表达同样的意思，那就是最厉害的！

五、少用奇奇怪怪的字体

很多人为了追求醒目，喜欢用夸张的字体、颜色，甚至放大，加粗，再用斜体等，其实这样做往往会适得其反，让人感觉不舒服。国外客户很少有人用一些奇怪的字体或者粗体，比如欧美人常用的字体就是 Arial、Verdana、Calibri、Times new roman 几种字体，也有用 Tahoma 的，但很少。

六、多使用被动语态

这是国外客户的语法习惯，比如：我们明天会寄你样品。中国人喜欢说：We'll send you the samples tomorrow. 这样说没错，语法正确，意思清楚，但老外的习惯说法是：Samples will be sent to you tomorrow.

七、不要说一些毫无意义的话

如 Do you want our products? 有人将这句话列为最傻疑问句。本身你是去推销的，希望引起客人的兴趣。但这句话真是大煞风景，你非要逼着对方说 Yes 或是 No。

八、开发信还是要直接一点

开发信不需要多长，你只要告诉客人你是谁，你做什么，你的优势在哪里就够了，其他的东西可以以后慢慢谈。

九、尽可能不使用附件和图片

这不是说附件和图片不好，但是第一次写开发信就有附件或插入了图片，很容易被国外的服务器拦截。这样的话，你的成功率就很低了。

十、语气要缓和

邮件本身是比较死板的，在电脑上阅读那些冰冷的字母，和直接的语言交流是完全不一样的。举个例子："Pls give me reply today." 如果是面对面讲，或电话沟通，都没有问题，客人会很高兴地说 OK；但如果放在开发信里，就显得略微生硬了一点。如果你改成："Could you please help to give me reply today?" 用的是疑问句，加上 could、help 这样的字眼，既明确表达了你的意愿，也显得委婉亲切多了。所以 "please、help、kindly、could、thank you、appreciate" 这样的话在邮件来往中非常普遍。

写好开发信的技巧

虽然几乎所有的外贸人员能会写开发信，但能够写好是个关键，什么是好呢？就是让国外客户看了以后感兴趣，不至于把你的信拉入"垃圾邮件"里，甚至还能够主动找你谈交易。要想达到这样的效果，仅仅规规矩矩写是不够的，还得讲究一些小技巧。

比如很重要的开发信的标题，你就可以加上"Re:"，它指的是 Regarding 或 Refer，意思是"关于……"当然，回复的邮件也往往带有"Re"的字样，这样客人往往就会忍不住打开来看看。接下来的主题就至关重要了，如果你一个 introduce 或者 need cooperation 之类的，客人一看就知道是推销信，那这个 Re 也就没意义了。

另外，你要知道销售的精髓就是差异化营销！当然，你与别人的差异是你比别人有优势，所以挖空心思也得找出自己的优势来。比如：我能在第一时间回复客人；我能一次性给全所有信息，只要客人一封询价 E - mail 就能得到完整回复；我能提供免费样品；产品质量全国第一；性价比超高……不管你哪一点优势打动了你的潜在客户，他都有可能成为你的真

正客户。

在正文中，开头的问候语不要啰里啰唆，简单带过即可，介绍自己和公司的文字也不用过多，一两句话就好。否则“推销”的味道太浓，客人就懒得再看下去了。然后，你可以说研究过他们的网站，知道他们的需求，并拿出一些客户感兴趣的产品简单介绍，主要是亮明你的优势，如质量、价格、服务等。除此之外，你还可以对客户说，“如果你愿意，这里还有几款适合你的产品及其参数和报价”，来勾起客户的兴趣，他如果感兴趣就会给你打电话或者回复邮件了。

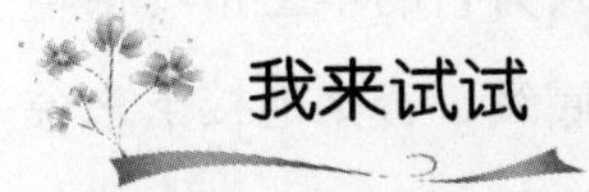

我来试试

根据以下内容撰写一封开发信。

浙江光华电子产品有限公司的业务员张小龙在网上得知美国一家公司可能需要本公司的A型电路板。他还通过查询，找到了美国这家公司的相关负责人，名叫约翰。

第3节 你会报价吗

报价前的准备

作为外贸业务员，若能收到国外客户的询盘，无疑是一件大喜事，这意味着你距离一笔成功的外贸交易近了一大步。但接下来就要看你的报价是否能够抓得住客户了，为此，在报价之前一定要做好充分的准备，让自己的报价既能抓住客户，又不至于亏损。

为此，你需要认真分析客户的购买意愿和需求，才能拟出一份有的放矢的好报价单。比如你是一名户外用品的出口公司的业务员，收到美国进口商要求订购20000把沙滩椅的询价。这时你首先要了解以下几个问题：客户是不是专业做户外用品？他过去有没有采购过沙滩椅？他的潜力有多大？这款沙滩椅在美国售价多少？其他客人的采购价是多少？同行会报出怎样的价格？哪些细节可能影响价格？你的供应商给你的价格怎么样？……这样你就可以有的放矢地报价了。另外，你还需要了解对方所报的数量是否有水分，比如：一个冰岛客人询价说要订购100000把沙滩椅以在本土销售，那你就得知道他是想用数量来压你，因为它的本土市场根本不可能需要这么多。那么你的报价就不要一下压到底线，否则他接下来说“对不起，我们现在不需要这么多”的时候，你就傻眼了。当然，如果你觉得对方的数量符合他的情况，那么报价就不要有太多水分，否则，客户也会溜走了。

报价前你还需要了解目前相关产品的市场情况，买卖成交的基本原则就是要“随行就市”。这需要你做好市场跟踪调研，清楚市场的最新动态。所以，需要你自己信息灵通。除此之外，作为长期经营专一品种的专业公司，由于长时间在业内经营拓展，不但需要了解该行业的发展和价格变化的历史，还要能对近期的市场和价格走势做出合理分析和预测，这样自己的报价才能更好地在适应市场和获得利润之间做好平衡。

报价的计算

在整个外贸实践中，报价是最为关键的环节之一，它不仅关系着交易能否成功，更关系着公司的直接利益。所以，自己的报价既要让公司得到合理利润，又能让自己的产品具有竞争性。要做到这两点，就必须要学会价格的计算。

对外报价的价格简单地说，就是（成本 + 利润）÷ 汇率。利润好说，想要多些就提高价格，想要留住客户就降低价格，这个全由自己决定；汇率也简单，只要常看银行的外汇牌价，然后将银行的买入价作为汇率就可以了。所以，最关键的就是成本核算。下面我们针对有进出口权的工厂和没有进出口权的工厂如何报价分别进行讲述。

一、有进出口权的工厂的直接报价

由于前面提到的三种价格术语的报价之间可以相互转换，这里就只以 FOB 价格为例讲述有进出口权的工厂的含税报价。所谓含税报价是指在报价中包含了增值税。我们知道在 FOB 条件下，会有 FOB 本地费，即本地拖车费、商检报关费、码头费等。所以在对外商报含税价时可按如下公式计算：

FOB 价 =（人民币含税价 - 退税收入）÷ 汇率 + FOB 本地费

其中：

退税收入 = 人民币含税价 ÷（1 + 增值税率）× 出口退税率

另外，上面所说的人民币含税价是指含有增值税的人民币价格，简单来说就是出口商卖给国内贸易商的价格。可是这个价格如何计算呢？假设某产品卖给国内经销商，出厂价是 100 元，其中成本价是 75 元，利润是 25 元，增值税率为 17%，那么对国内经销商的报价就应该是 117 元，这个 117 元就是人民币含税价。所以，“人民币含税价 - 退税收入”就是“产品的出厂成本 + 利润”；而 FOB 本地费可以看做是暂时代替进口商支付，在报价时转嫁给进口商。当然，在报单价时，FOB 本地费要记得除以数量。现在 FOB 价格的报价应该是：

FOB 价 =（出厂价 + 本地出口费用 ÷ 数量）÷ 当前汇率

CFR 价 =［出厂价 +（本地出口费用 + 海运费）÷ 数量］÷ 当前汇率

CIF 价 =［出厂价 +（本地出口费用 + 海运费 + 保险费）÷ 数量］÷ 当前汇率

二、没有进出口权的工厂的报价

在第1篇的第3节中我们说过，在实际的对外贸易操作中，有很多没有进出口权的工厂想要出口产品就常常采用买单出口的方式。在这种方式下，他们给国外客户的报价通常是不含增值税的价格，也就是“成本+利润+买单费+其他费用”。这种方式既不涉及增值税，当然也没有退税，比较简单，这里就不再赘述。

此外，没有进出口权的工厂想要出口自己产品除了买单出口以外，还可以找外贸公司代理出口。工厂开发出国外客户后，如果选择外贸公司代理出口，就要付给外贸公司一定的代理费。这个代理费也是成本之一，也要包含在报价之中。所以，一定要明白代理费的计算方法。

代理费的收取一般有两种形式：一是按照出口货值（报关金额）的百分比收取，一般收取出口货物总值的1%～2%，如果是这种形式，退税款项最终会退给工厂；还有一种方式是按照买断价格的形式收取，退税后的款项归外贸公司。前一种比较简单，不再多说了；后一种较为复杂些，下面重点说说。

先来说说买断价格，买断价格是指代理公司实际收汇1美元所需要支付给被代理公司的人民币金额。在买断价格下使用的汇率为买断规律，举个例子，某工厂委托某外贸公司代理出口，那么外贸公司收汇后，用实际收到的外币货款乘以买断汇率，得出的人民币总金额交给工厂。

采用买断价格的话，外贸公司在办理出口退税后，所得的退税就不再退还工厂了。买断价格一般由工厂和代理公司商定。但买断价格有一个临界值，只有低于这个临界值，外贸公司才有利润，如果等于或高于这个临界值，外贸公司的利润就为零或者负值。这个临界值（假定为L）有一个计算方法，其公式为：

L＝银行汇率×（1＋增值税税率）÷（1＋增值税税率－出口退税率）

根据这个公式得出了临界值，工厂就可以和外贸公司商谈买断价格，计算自己的成本了。

我来试试

根据已经给出的内容，填制下面的表格（保留小数点后两位）。

品名	单位购货成本（元）	增值税率（%）	出口退税率（%）	实际成本（元）
电动玩具	80	17	9	
CD 架		17	8	119
多功能健身器		17	7	1668
组合餐具	180	17		174

三种贸易术语的对外报价核算

出口报价通常使用 FOB、CFR 和 CIF 三种价格，这三种价格的基本构成如下：

FOB = 出口成本 + 预期利润；

CFR = 出口成本 + 出口运费 + 预期利润；

CIF = 出口成本 + 出口运费 + 出口保险费 + 预期利润。

通过上面的公式可以看出，在 FOB、CFR 和 CIF 三种价格术语的价格构成中，主要是五个部分。其中成本是最重要的一项，无论哪种术语报价，都离不开成本。而这里所说的成本除了生产成本和采购成本以外，还包括很多项目，如加工整理费、包装费、报关费、国内运输费、证件费、报关报检费、码头费、银行手续费、邮电费、预计损耗等；而运费则是指自装运港至目的港的海上运输费用；保险费是指海上货物运输保险。

在三种价格术语的报价还可以相互换算：

FOB 价 = CFR 价 - 运费 = CIF 价 ×（1 - 投保加成 × 保险费率）- 运费

需要提醒的是，在上面的公式中，投保加成 = 1 + 投保加成率。由于保险公司都会规定有免赔额，这样如果发生理赔的话，保险公司并不是全额赔偿投保人，那么如果货物毁损严重，投保人的损失就大了。为了解决这一问题，保险公司发明了投保加成率，一般是10%。这样，保险金额 = CIF货值×（1 + 投保加成率），在发生理赔时，抵扣一部分免赔额，投保人所获得的保险赔偿就基本能够达到货物的毁损总值了。

快速对外报价法

虽然对外报价有上面所说的各种方法，但在实际的外贸业务中，时常不采用上述方法。原因是国内出口费用具有不稳定因素，而且有些出口费用是要等以后才能具体明了的。所以很多外贸企业为了能够快速对外报价，常常先不考虑出口费用，也就是假设出口费用为零，然后等出口报价算出来以后，再提高毛利润率，来抵偿出口费用。

> **小贴士** 因为出口商收汇时一般收的是现汇，且从银行角度来说是向外商买入外币，卖出人民币，所以作为出口商在对外报价时要用现汇买入价。有人误以为外汇报价要用中间价，实际上银行的中间价在外贸报价中是用不到的。

采用这种方法报价时，一般是通过"盈亏换汇比"的方法来计算，具体分为两个步骤。

一、计算盈亏换汇比

盈亏换汇比就是指盈亏平衡点时的换汇成本，其公式为：

盈亏换汇比 = 银行外汇买入价 ÷［1 - 出口退税率 ÷（1 + 增值税税率）］

盈亏换汇比的推导过程是这样的，先假设某产品的采购价格为A，出

口退税率为 R，盈亏换汇比为 Y。由于采购成本 = 出口成本 + 出口退税额，所以

(A ÷ Y) × 银行外汇买入价 + R × [A ÷ (1 + 增值税税率)] = A

通过这个等式，我们可以推出

Y = 银行外汇买入价 ÷ [1 − R ÷ (1 + 增值税税率)]

二、算出报价

FOB 价 = (采购价格 ÷ Y) × (1 + 毛利润率)

上面公式中"采购价格 ÷ Y"就是不盈不亏时的美元报价，这样你就可以根据自己期望的利润率，加上利润点后进行报价。FOB 价出来以后，再加上单位商品的海洋运费就是 CFR 价，再进一步报 CIF 价也就容易了。

这种报价方法能够快速报出价格，但由于其忽略了"出口费用"，因此并不能十分精准地计算出口报价。

我来试试

项目情境： 宏大公司收到英国公司求购 5000 双牛粒面革军靴（1 个 40 英尺集装箱）的询盘。现知道：每双军靴的进货成本是人民币 80 元（含增值税 17%），出口包装费为每双 3 元，国内运杂费总计 12000 元，出口商检费 350 元，报关费 150 元，港区港杂费 900 元，其他各种费用共计 1460 元。宏大公司向银行贷款的年利率为 8%，预计垫款两个月，银行手续费率为 0.5%（按成交价计算），出口军靴的退税率为 14%，海运费为 3800 美元，客户要求按成交价的 110% 投保，保险费率为 0.85%。设宏大公司的预期利润为成交金额的 9.8%，人民币对美元的汇率为 6.81 : 1。

我的任务： 试报每双军靴的 FOB、CFR、CIF 价格。

报价常见问题

新人在报价时常常会遇到各种问题，虽然掌握了大把的理论知识，但在实际操作中还是会有些不知所措。下面就总结一下外贸新手在报价中最常遇到的问题及解决方案。

一、如何报价

不知道在成本的基础上加多少利润合适，拿到公司的底价却不知道该卖多少钱。

解决方案：

通常拿到公司的成本价再加上可预见的其他费用，再加上利润，就可以报价了。至于利润加多少，并没有统一的标准。外贸新手如果自己拿不定主意，可以参照公司其他业务员的报价，或是参照同行的报价。但要注意报价不能反复，只要已经给客户报出了价格就不要随意更改，否则会给客户留下业务不熟的印象，影响订单的成交。

二、报价后无回复

给出报价后就石沉大海，没有了消息。有时又会觉得对方只是在试探价格，所以一些询盘都不想再回复。

解决方案：

报完价后得不到客户的回复是很正常的事，其中原因有很多，如：对你的产品不感兴趣、价格高、他们有固定的供应商、你的开发信被网络拦截，等等。如果客户不回复，我们可以打电话给客户或是再发一次邮件，问客户是否收到邮件，如果收到，再向客户了解不回复的具体原因。

有些客户虽然询盘了，但却不能马上下单，这样的客户也要一直保持

联系，每隔一段时间就发一次新的报价，同时将公司的新品介绍给客户，节假日时也要趁机与客户联系。保持友好的联系，客户在有需求时自然就会考虑到你。

至于不想回复询盘是绝对不可取的。因为我们并不知道究竟哪个询盘是有价值的，哪个询盘是绝对没有价值的。所以，永远不要轻易放弃任何一个询盘。当然，有些询盘确实没有多大价值，比如：客户的询盘很笼统，没有明确写明他所需要的产品，也没有提供他详细的联系方式、网站等信息。对于这样的客户，可以暂时不报实盘，而是先发邮件问他所需产品的具体信息，并索要他们公司的名址、联系方式等。如果这个客户有诚意，就会与你进一步商谈。收到客户详细的回复后，再有针对性地为其作具体的报价。

三、报价更新

有时候海运费的价格变动很快，几乎一周一个价格，不知道该如何报价给客户。

解决方案：

这种情况我们要先让货代以 E－mail 或传真的形式把海运费报价发过来（如果拖车、商检、报关也由这家货代操作，那么也要一并把相关费用列明），重要的是你务必要让货代写清楚有效期至何时，这样你在计算好产品的 CFR 价后，注明有效期到×年×月×日就可以报给客户了。到了有效期后，记得再发一份更新后的报价单给客户，并不断跟进。

四、客户压价

报价后客户总是嫌价格高，而报出的价格已经很难再降了，不知道该怎么办？

解决方案：

的确有不少客户在得到报价后一再要求出口商降价，而所报价格已经无法再下压了，让业务员非常的头疼。面对客户的压价，如果你的产品降价确实已经很难了，可以这样回复客户：

（1）与同类产品作比较，从技术层面和产品特色方面详细解释价格高的原因；

（2）向客户阐述售后服务、产品质量、付款方式等各种优势；

（3）向客户保证按时交货；

（4）问客户是否接受通过简化包装等方式在降低产品成本的情况下降低价格；

（5）问客户是否接受公司的库存品或特价品；

（6）告诉客户，如果再降价就要附加一些条件，如订货量大，采用有利于出口方的付款方式（如100%前T/T），交货期长（可以在产品销售处于淡季时、海运费或空运费低廉时再安排生产）等。

如果对于你的这些解释和建议，客户都不能接受而只是一味地要求降价时，你不妨直接回复他，表明你不能再降价的立场：对不起，很遗憾，我们不能满足你的价格要求。现在的报价利润已经很低了，我们只能期待下次的合作。有些客户确定你的报价是最终的实价后，可能就会接受你的报价。还有一种情况，就是你们的报价与市场上同类产品相比并不算高，但客户一再要求降价，那可能是他需要的是低端产品，你们的产品并不适合他，这样的客户我们可以放弃，把更多的精力放到对口的专业买家。

报价中出现问题是再正常不过的，我们绝不能指望每一个联系过的采购商都会成为我们的客户。我们只有尽力做好，尽最大的努力提供最好的服务，同时调整好自己的心态，才能抓住那一很小部分的真正的客户。

第4节　外贸寄样

寄　样

寄样是外贸生产企业应客户要求（或主动）寄送公司样品的过程，是外贸业务过程中常见的业务流程之一。

寄样既是出口方对自己的一种推销方式，也是进口方确认产品是否符合自己要求的一种手段。一般来说，客户在确定下单之前，都会要求卖方先提供样品进行查看、检验。但对于出口方来说，不管寄送的样品是什么样的，都是一笔开销。所以如果是一般需要样品的客户，可将公司的常规产品作为样品寄给客户确认。但对于有些重点客户除了工厂生产的常规产品可做样品寄送外，还可专门针对客户的需求制作产前样和大货样。

所谓产前样就是在生产大货之前，工厂按照客人对产品的要求，如颜色、规格、包装等，生产出来寄给客人确认的样品。而大货样也叫出货样，是大货中代表着大货整体质量、性能及外观的样品，通常大货样可以从已经做好的大货中随机抽取几个寄给客户确认。

寄样品前需要准备好

样品其实就是客户考核你和你的公司的一种最为直接的方式，所以样品是否完美、资料是否齐全都是客户评价你的公司的标准。比如，客户都有一个普遍的心理，那就是：一个连样品都做不好的公司怎么可能做好产品呢？所以你寄的样品一定要是工整的产品，经过测试，并附上测试报告。不仅如此，你寄的样品里，还要备好以下材料：一份产品说明书，两份详细的产品承认书（一份要让客户回签），几张名片（确保客户的采购或工程部都可以有你的联系方式）。

还有，你最好在样品上写上自己的联系方式。虽然这会影响样品的外观，但这样做会让所有看到这个样品的人都知道这个样品是谁的。尤其是一些公司可能会拿着你的样品去装样机或交给他的客户，这样就在无形中帮你做了宣传。

或者你还可以在样品里放些轻巧而实惠的小礼物来“贿赂”采购者或找你拿样品的人。人都是有感情的，当他收到样品后，还意外地发现了你送给他的小礼物，心里总会有一点感动，那么对你的样品也会多注意一点。小礼品不一定有多贵重，一张精美的卡片或是一小包茶叶都可以，重要的是让对方感受到你的心意，如果能让他们产生“这么细心的人做事一定错不了”的感觉，那么成功就唾手可得了。

你还可以多给客户提供一些可能对他有帮助的材料信息。通常你的客户除了采购你的产品外，一定还会需要与你的产品相关的其他产品。如果你在寄样品的时候，顺便放些和你的产品相关联的资料，给对方多一点帮助，或许好事很快就降临到你的头上了。比如你是做布料生意的，那么采购你产品的应该是成衣厂家，这样你可以在样品里放一些纽扣或是彩边之类的客户可能会采购到的东西的资料，给对方一点帮助。当然最好是你认识的，当客户收到你的样品后，会顺便打电话找到你所提供的资料，这样可以帮助到你的朋友也让客户感受到你的诚意。

样品费、快递费应由谁来负

我们都知道，样品和快递都需要一定的花费，这对于经常要寄送样品的出口商来说，也是一笔不小的开支，那么，这些费用是否都应该由出口

商自己承担呢？实际上，样品费和快递费也并非一定要由卖方来承担。一般情况下，可以按以下几个方面来考虑。

一、要看自己有没有实力

如果你的公司实力有限，对于免费寄样觉得有点不好承受，那么海外拓展初期可以考虑向买家收取一定的运费，等真正成交后再将样品费从货款中扣除。如果你具有雄厚的实力，并且希望加大海外拓展力度，那么当然可以完全由自己来承担样品费和快递费，客户对这样的厂家当然也多半会高看一眼。

二、要看客户是否够等级

如果是合作已久，知根知底的老客户，那么你完全可以作为一项优惠政策，样品费、运费全免。如果是新客户，那就要分几种情况来看：第一，如果你的样品货值不算高，那么可以免收样品费，但快递费采取货到付款的方式，也就是让客户自己承担快递费；第二，如果觉得新客户很有诚意，那么样品费即使稍高也可以免收，但快递费要客户自己承担；第三，有些新客户可能希望一次性提供多个样品，且不愿支付任何费用，这种情况你需要详细分析，看客户是否的确是为了订单考虑，否则你完全可以告诉客户，收取样品费是公司的规定，如果客户下单，那么这笔费用将在客

> **小贴士**　全球四大快递公司的联系方式：
>
> 1. 联邦快递/FEDEX，电话：800－8201338，网址：http://www.fedex.com/cn/.
> 2. 联合包裹/UPS，电话：800－8208388，网址：http://www.ups.com/content/cn/zh/index.jsx.
> 3. 中外运敦豪/DHL，电话：800－8108000，网址：http://www.cn.dhl.com.
> 4. 中外运天地/TNT，电话：800－8209868，网址：http://www.tnt.com/country/zh－cn.html.

户付款时抵扣。另外，如果客户已经下了单，再要求寄送产前样或是大货样，这种情况下一般是由卖方来承担费用。

三、要看产品价值高低

作为外贸人员，首先要从公司的角度明确样品及运费成本。对于样品价值高、运费也贵的，无论新老客户，请对方谅解，本着共同发展的原则，希望对方负担运费。通常，对方也会理解。如果产品价值不高，就免费送样，但运费尽量由对方承担。当然，像上面所说的老客户或是已经下单的客户除外。

寄样前和寄样后

前面我们说过，寄样并不是简单地将样品寄送给客户就算完成任务。在寄样前和寄样后都有一些事情需要处理好，这样寄样才会有效果。比如以下几项就需要格外注意：

（1）如果要求客户付样品费，那么你要在收到客户的样品费后再寄送样品给客户；

（2）寄样之前一定要与客户确认好所寄样品的规格型号以及寄送地址；

（3）如果是要求客户承担快递费，也就是货到付款，要以客户的书面确认（可以是 E－mail 或传真）为准，否则可能会有客户拒付的风险；

（4）寄样后要及时跟进，比如用邮件第一时间通知客户你寄样的相关信息，如时间、快递公司等，或者直接将快递单扫描给客户，告知大概到货时间，请客户收到样品后确认；

（5）客户收到样品，要及时了解客户对样品的评估情况，无论客户对产品是否满意，都要尽可能详细地了解客户对产品的评价，以便改正或

解释；

（6）如果客户很快就发来订单，那自然是皆大欢喜，但如果客户很长时间都没有下订单，也要与客户保持稳定的联系，并适时推荐你的新产品，送出新报价。

第5节　如何接待客戶验厂

怎样接待客户验厂

所谓客户验厂，就是客户亲自到生产厂家来进行查验，有些外贸人员感觉这是客户对自己的不信任，因此对于客户验厂多少有些抵触情绪。但实际的情况是，客户验厂是好事，说明他已经对你们的产品非常感兴趣了，并且很希望能够和你们公司合作。所以，如果接到客户验厂的要求，应该高兴才是，因为这离客户下单又进了一大步。但很多外贸人员都没有接触过外国客户，那么当客户来验厂时要怎样做才得当呢？

（1）你需要对客户的公司进行详细的了解，如公司规模、主营产品、目标市场等；

（2）详细了解客户的具体情况，如职务、爱好、性格等，到时候可以多一些谈资，让气氛更为融洽；

（3）了解客户所在国的风俗习惯和日常礼仪，不要犯忌；

（4）注意自己的着装和谈吐，不要太过随意，给客户留下不严谨的印象；

（5）熟悉自己的产品，除价格外，还要熟悉产品的材料、构造、包装等，以便能够应对客户的一些提问；

(6) 准备好自己的名片以及客人感兴趣的样品、笔记簿、笔、计算器、订书机、产品图册、报价单等用品和资料，为客户提供方便，也是给自己加分；

(7) 与外商交流时，要充满自信，不卑不亢，无须过于拘谨，保持礼貌即可；

(8) 如果自己的口语表达和听力不是很好，一定要请个翻译人员，否则误解了客户的意思或是表达不够清楚甚至错误都可能导致一单生意就此泡汤；

(9) 做好与客户谈判的准备，因为有些客户验厂后觉得满意的话，可能当时就能与你开始谈判订单，所以除了要对报价和产品熟悉之外，还要预先设想几种谈判方案，针对各种可能出现的情况做好应对措施；

(10) 记得准备一些有纪念意义的小礼物送给客户，不用很贵重，但要有特色、有意义。

外贸企业对客户验厂的误区

虽然验厂通常情况下暗示着合作的开始，但很多外贸企业或厂家却并不欢迎客户验厂，其中不乏自己感觉有欠缺的厂家，但多数却是因为外贸企业对客户验厂存在着误区。

一、认为客户多管闲事

验厂的内容主要是针对企业的管理，所以很多初次接触验厂的企业会觉得不可理解。他们认为：你采购我的产品，我只要按时、保质、保量交给你产品就可以了，至于我的企业如何管理与你有什么关系呢？这样想的企业可以说对国外客户的要求完全不了解，这也是中外企业管理的理念存在差异的表现。在很多国外的客户看来，过程产生结果，没有一个好的管

理系统和流程，是很难保证产品的质量和交付期的。另外，还有社会责任验厂。这一项有时候是出于客户国内非政府机构及舆论的压力才有的，比如美国客户主导的反恐验厂就是出于本国海关和政府反恐的压力。

不管怎样，既然是客户定的游戏规则，作为外贸企业我们既然无法改变规则，那就好好地去适应客户，否则你就只能放弃出口订单。

二、认为验厂就是搞关系

我们不可否认，交易中的确存在着验厂就是搞关系的现象。但对于国外客户的验厂，并不完全是这样。他们要求验厂，一定是需要企业进行相关的改进，审核员也不可能将一个一塌糊涂的企业说成一朵花，毕竟审核员需要拍照、复印文件等各种证据带回备查。另外，很多的审核机构也都是国外公司，管理很严，审核员会受到多种监管和抽查，当然我们无法排除个别需要走关系的审核员。但如果工厂把搞关系放在第一位，而不进行实际改进，那是绝对不会有长足发展的。

三、认为自己硬件好就一定能通过

验厂所涉及的内容非常广泛，硬件不过是验厂考核中的一个方面，很多看不到的软件方面，同样决定着最终验厂的结果。

与此相反，也有一些企业认为自己硬件一般甚至有些不好，就认为自己肯定不能通过。这些工厂同样是犯了上述的错误。其实，如果企业的硬件能够保持中上或是中等，其他各种条件都能让客户满意，硬件不好也完全有可能通过验厂。

四、认为通过验厂高不可攀

很多外贸企业都是从小做起来的，有的甚至发端于家庭作坊，所以在管理上比较混乱，即便搬进了新厂房也觉得自己的企业不够正规，从而排斥验厂。实际上，验厂并不是高不可攀的事情，具备了一定的硬件条件之后，只要能找到合适的外部咨询机构，完全可以改变企业的管理状况，并通过客户验厂。

第6节　如何签订外贸合同

外贸合同的签订形式

外贸合同通常有三种形式，每种形式都有其自身的特点，但最为妥帖、也最常用的还是书面合同。

一、书面形式

书面形式包括合同书、信件以及数据电文，如电报、电传、传真、电子数据交换和电子邮件等，能够有形地表现所载内容的形式。鉴于书面合同的诸多好处（前面已经介绍），有些国家的法律或行政法规甚至明文规定，在买卖过程中必须采用书面形式。

二、口头形式

口头形式订立的合同也叫口头合同、对话合同等，是指当事人之间通过当面谈判或电话方式达成协议而订立的合同。这种方式节省时间、行事简便，对加速成交起着重要作用。但其致命缺点是没有文字依据，空口无凭，一旦发生争议往往因无法举证而造成难以弥补的损失。

三、其他形式

除上述两种形式之外，订立合同还有其他形式，即以行为方式表示接受而订立的合同。例如，根据当事人之间长期交往中形成的习惯、做法，或发盘人在发盘中已经表明受盘人无须发出接受通知可直接以行为作出接受而订立的合同均属此形式。

书面合同的格式和内容

我国在1986年12月向联合国缴存对《公约》的核准书时，明确表示不同意国际货物买卖合同采用书面以外的形式订立、更改或终止。而合同的书面形式也有多种，见表4。

表4 书面合同的形式

书面合同名称	简单说明
合同（Contract）	正式合同，包括收货合同和购货合同，交易条件完整、明确
确认书（Sales Confirmation）	合同的建议形式，交易条件完整、明确
协议（Agreement）	在法律上与合同同义，要求内容、双方的权利义务明确、具体、肯定
备忘录（Memorandum）	在法律上不具备约束力
意向书（Letter of Intent）	属于非法律文件，对当事人无约束力
订单（Order）	其效力与国外买方的购货合同或确认书相当
电子合同（E－Contract）	采用数据电文形式，具有法律效力、有效性和可执行性

除了书面合同的形式外，合同的内容也是外贸新手必须要了解和掌握的，以便在订立合同时能够有的放矢。一般来说，在进出口贸易中，书面合同包括三部分，即约首、主体和约尾，详细内容见表5。

表5　书面合同的内容

名称	内容
约首	合同名称，如买卖合同、出口合同、进口合同、销售合同、购货合同等
	订约日期及地点
	当事人名称、地址、电传、传真、电子信箱等
	合同编号（一般由公司名称缩略词以及序号组成）
主体	合同标的，包括货物名称、数量、品质、包装
	价格（单位价格及贸易条件）
	运输，如海运、空运、陆运、邮运、集装箱、多式联运等
	保险（C. I. C. 和 I. C. C. 保险条款以及险别）
	支付条件（D/P、D/A、T/T、D/D、L/C 等）
	预防及解决争端的方法（检验、索赔、免责条款和仲裁）
约尾	合同份数、使用文字、法律效力、双方签字等

一般来说，合同自成立时就开始生效了，两者在时间上应该是同步的。但有时，虽然合同已经成立，但却不能立即产生法律效力，而是要等到其他条件成立时，合同才能生效。对此，《公约》以及我国《合同法》都对合同成立的时间做了具体规定，见表6。

表6　合同成立的有效时间

《公约》	我国《合同法》
自接收送达发盘人时生效，合同成立	承诺生效时合同成立
	当事人采用书面形式订立合同的，在双方当事人签字或盖章时合同成立
	当事人采用信件、数据电文等形式订立合同的，可以在合同成立之前要求签订确认书，签订确认书时合同成立

虽然合同是白纸黑字，但并不是双方都“签字画押”合同就有效了。仔细研读《公约》和我国的《合同法》，就可以总结出一份合同要想成立就必须具备下面几个条件。

（1）当事人必须是在自愿、真实的基础上达成协议。采用欺诈、胁迫等手段订立的合同无效。

（2）当事人必须具有签约的行为能力。签订买卖合同的当事人应是自然人或法人。自然人必须是精神正常的成年人，对于未成年人、精神病人等订立合同必须受到限制；如果当事人是法人，则必须通过其代理人，在法人的经营范围内签订合同。

（3）合同必须有对价和约因。对价是指当事人为了取得合同利益所付出的代价；约因是指当事人签订合同所追求的直接目的。在英美法以及中国法中，合同只有在有对价和约因时才是法律上有效的合同。

（4）合同的标的和内容必须合法。

（5）合同必须符合法律规定的形式。

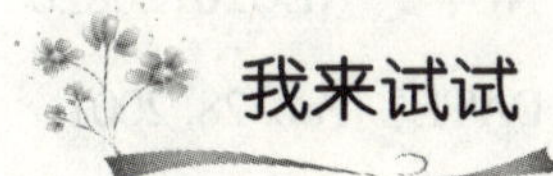

我来试试

项目情境：A公司在8月12日向B公司发盘，同时限B公司在8月15日复到有效。但在8月13日，A公司收到了B公司在8月11日发出的与A公司发盘内容完全相同的交叉发盘。

我的任务：分析此时合同是否成立？为什么？

我来试试

项目情境：A公司在6月8日向某日商公司发盘，限6月13日复到有效，日商在6月12日用电报表示接受A公司8日电，但A公司在14日才收到对方的接受通知。

我的任务：分析何种情况下合同可以成立？何种情况下合同不能成立？

制作合同文本

要想拟定一份外贸合同，其实也不是很难，尤其对于新手，只要记住外贸合同的范文，然后按照自己所负责的外贸活动的具体情况进行填写就可以了。

书面合同范文

销售合同

SALE SCONTRACT

1. 卖方　　　　合同编号 NO：　NEO20120820

SELLER：HUALEI TRADING CO. ,LTD　合同日期 DATE：Feb. 28. 2001

地址：

ADARESS：RM. 120－125，MALAN PLAZA，102　BEIJING CHINA.

TEL：010－58815220　　　　FAX：010－26534685

E－MAIL：Waimao@ www. universal. com. cn

2. 买方

BUYERS：UNENERSAL TRADING CO. ，LTD

地址：

ADARESS：BERSTOFSGADE 48，ROTTERDAM，THENETHERLANDS

TEL：＋（31）74132058　　　　FAX：＋（31）74132056

E－MAIL：marrylandan@ www. tnl. com. ntl

买卖双方同意按以下条件购进、售出下列商品：

The sellers agrees to sell and the buyer agrees to buy the undermentioned goods on the terms and conditions stated below.

商品名称及规格	数量	单价	总价
Description&Specification	Quantity	Unit Price	Total value
Toy bear	4140	usMYM4. 70	usMYM19458. 00

3. 包装

PACKING：PACKED IN CARTONS OF 5 SET （KB0677），4PCS （KB7900），20PCS. （KP2227） AND 2 SETS （KB0278）

4. 唛头

SHIPPING MARK：WILL BE INDICATED IN THE LETTER OF CREDIT.

5. 装运期限

TIME OF SHIPPMENT：NOT LATER THAN MAY 31 ST，2001.

6. 装运口岸

PORT OF LOADING：TIANJIN，CHINA.

7. 目的口岸

PORT OF DESTINATION：BOSTON，USA.

8. 保险

由卖方按发票金额10%投保一切险及战争险，如果买方要加投上述保险或保险金额超出上述金额，必须提前征得卖方的同意，超出的保险由买方承担。

INSURANCE：To be covered by the Buyers for the invoice value plus 10% against all risks and war risks. If the Buyers desire to cover for any extra risks，besides aforementioned amount or exceeding the aforementioned limitation，the Sellers' approval must be obtained beforehand and all the additional premiums thus incurred shall be for the Buyers' account.

9. 付款条件

买方须于2012年12月31日将保兑的、不可撤销的、可转让可分割的即期信用证开到卖方。信用证议付有效期延至上列装运期后15天在中国到期，该信用证中必须注明允许分运及转运。

Payment: By confirmed, irrevocable, transferable and divisible L/C to be available by sight draft to reach the sellers before 12/31/2012 and to remain valid for ingotiation in China until 15 days after the aforesaid time of shipment. Tje L/C must specify that transhipment and partial shipments are allowed.

10. 装运条件

Terms of Shipment:

11. 品质与数量、重量的异义与索赔

Quality/Quantity Discrepancy and Claim:

12. 人力不可抗拒因素

由于水灾、火灾、地震、干旱、战争或协议一方无法预见、控制、避免和克服的其他事件导致不能或暂时不能全部或部分履行本协议，该方不负责任。但是，受不可抗力事件影响的一方须尽快将发生的事件通知另一方，并在不可抗力事件发生15天内将有关机构出具的不可抗力事件的证明寄交对方。

Force Majeure: Either party shall not be held responsible for failure or delay to perform all or any part of this agreement due to flood, fire, earthquake, draught, war or any other events which could not be predicted, controlled, avoided or overcome by the relative party. However, the party affected by the event of Force Majeure shall inform the other party of its occurrence in writing as soon as possible and thereafter send a certificate of the event issued by the relevant authorities to the other party within 15 days after its occurrence.

13. 仲裁

在履行协议过程中，如产生争议，双方应友好协商解决。若通过友好协商未能达成协议，则提交中国国际贸易促进委员会对外贸易仲裁委员会，根据该会仲裁程序暂行规定进行仲裁。该委员会决定是终局的，对双方均有约束力。仲裁费用，除另有规定外，由败诉一方负担。

Arbitration All disputes arising from the execution of this agreement shall be settled through friendly consultations. In case no settlement can be reached, the case in dispute shall then be submitted to the Foreign Trad Arbitration Commission of the China Council for the Promotion of International Trade for Arbitration in accordance with its Provisional Rules of Procedure. The decesion made by this commission shall be regarded as final and binding upon both parties. Arbitration fees shall be borne by the losing party, unless otherwise awarded.

14. 备注

Remark:

15. 签字

Signature:

卖方： 买方：

Sellers: Buyers:

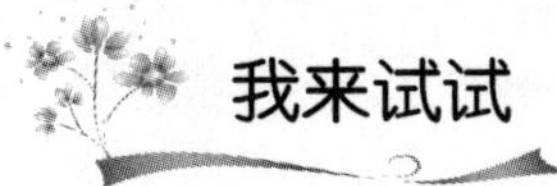

我来试试

根据下面给出的业务资料缮制销售合同。

卖方：SHIJIAZHUANG IMPORT&EXPORT TRADE CORPORATION

338 ZHONGSHAN ROAD SHIJIAZHUANG CHINA

电话：0311 - 8562395

传真：0311－8562398

买方：Thomas Wilson CO.，LTD

货名：黑铁丝 Black wire

规格数量：BWG12. 5kg/coil 10tons

单价：CIF Santos USD850/tons

包装：内塑外编（packed in PLASIC WOVEN BAGS）

支付方式：即期信用证（sight L/C）

装运港：天津新港（Xingang Tianjin）

目的港：桑托斯港（Santos Brazil）

装运期限：不晚于2010年5月31日

分批装运：不允许

转船：不允许

保险：合同金额的110%投保一切险（FOR 110 PERCENT OF THE INVOECE VALUE COVERING ALL RISKS）

开户银行：中国银行石家庄分行（BANK OF CHINA SHIJIAZHUANG BRANCH ）

银行账号：USD 80888567

合同号：SHZ100502

合同日期：20100525

第7节　履行合同必知

催开信用证

通常来说，在交易达成后，买方就有义务在合同规定的时间内通过其往来银行开立信用证。在外贸实践中，最常见的做法是在装运期前一个月开立信用证并到达卖方。这样做的目的是能够给卖方充足的时间来办理装运，如准备货物、预定舱位等。但如果买方没能及时开立信用证，或是买方开立的信用证没能及时到达卖方，卖方就必须及时与买方联系，催开信用证或弄清信用证的下落。

在撰写这类书信时，要注意用词得体，切忌使用责怪和厌烦的口吻，应该有礼貌地说明所订货物已经备妥，但信用证却没有收到。如果第一封信函没有得到买方的回应，可以发第二封信函，还是要克制自己的情绪，但可以适当表示一下自己失望的心情。

下面是一封催开信用证的范文，可供参考。

Re：Urging Establishment of L/C With reference to our Sales Contract No. 123 covering 2000 dozen of Thermos Flask.（此为标题）

Dear Sirs，

We regret to inform you that we have not received your relevant L/C, though you promised to establish the L/C immediately after the signing of the contract. According to the contract stipulation，shipment is to be effected before November 10，2003. Please note that if your L/C cannot reach us within one week, we are afraid that delivery will have to be postponed. Please give this matter your immediate attention and expedite the covering L/C so that we can effect shipment without any delay.

We hope to receive your L/C soon.

Yours sincerely

译文：

主题：催开信用证

敬启者：

我们很遗憾地通知你方：尽管你方承诺合同一经签订，立即开立123号销售合同项下的2000打保温瓶胆的信用证，但是至今我方仍未收到相关信用证。根据合同规定，货物必须在2003年11月10日或以前装运。请注意：如果你方信用证不能在一周内抵达我方，恐怕我方不得不延迟交货。请密切关注此事，加速开立相关信用证，以便我方毫不延迟地办理交货事宜。

盼望早日收到你方的信用证。

你真诚的"×××"

这封邮件是很好的一封催开信用证的信函，既表达清楚了要求对方立即开出信用证的要求，又不失礼貌与客气。

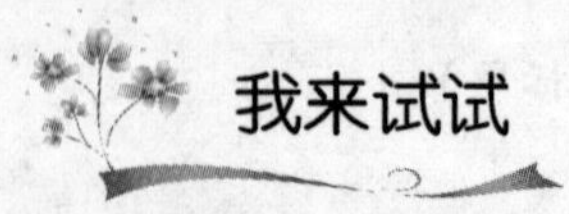

我来试试

项目情境：2011年5月18日，我国鸿雁商贸有限公司与美国沃斯特有限公司签订了一笔关于纯棉女袜的出口合同，合同号为SD206，并规定不得晚于2011年9月1日装运。但合同签订后，对方迟迟没有开来信用证。我方曾于6月15日发过一封催开信用证的邮件，但对方仍旧没有

回应。

我的任务：撰写第二封信用证催开函。

审核与修改信用证

在收到买方开立的信用证后，卖方和银行都要对信用证进行严格审核，共同承担审核信用证的任务，但二者的分工并不一样。银行主要是对政策性及信用证的真实性进行审核，而作为出口企业，则更侧重于信用证条款与买卖合同是否一致的审核。

卖方通过对信用证的全面认真的审核，一旦发现问题，都应根据情况及时处理，对于影响安全收汇，难以接受或是做到的信用证条款，必须及时与买方沟通，要求买方进行修改。在修改信用证时，以下几个细节需要格外注意：

（1）凡须修改的各项内容应一次向对方提出，这样既节省时间，又节省费用。

（2）对不可撤销信用证中任何条款的修改，都必须在有关当事人一致同意后才能生效。

（3）对经过对方修改后的内容，如果卖方仍无法接受，应坚持让对方改正，直至满意。

（4）根据UCP600的规定，一份信用证的修改通知书要么全部接受，要么全部拒绝，不能接受其中的一部分而拒绝其他部分。所以如果收到的信用证修改书中仍有不能接受的地方，我方有权拒绝接受，但要及时将作出拒绝修改的通知送交通知行，以免影响合同的履行。

（5）为了防止作伪，便于受益人全面履行信用证条款所规定的义务，信用证的修改通知书应通过原证的通知行转递或通知。如果是开证人或开证行径自寄来的，应提请远征通知行证实。

（6）如果信用证不符合合同的具体情况，凡可以变通处理且不是非修不可的，只要不影响安全收汇，不增加己方的费用，则可不改，按信用证的要求办理即可。

备货与报检

一、关于备货

备货是指根据出口合同所规定的商品品质、规格、数量、重量、花色品种、包装等要求，按时保质保量准备货物的过程，这是出口合同履行的关键。在正常情况下，出口商在拿到自己满意的信用证后，就应该立即根据出口合同和信用证的各项规定，向生产、加工、仓储等各部门填发预先印制好的加工通知单（也叫要货合同），并及时向供货部门或生产企业进行检查和督促，核实应交货物的品质、规格、数量和交运时间，并进行必要的包装以及刷制唛头等工作。在备货交运的过程中，要注意以下几点：

（1）要及时、严格核对所备货物的品质、规格、花色品种，保证所交运的货物完全符合合同和信用证的规定，如果出现不符合要求的货物必须重新加工或调换。

（2）备货时可以在数量上适当多出一些，以备在短缺时不足，避免短交。

（3）所备货物的包装，包括内外包装的方式、方法、用料以及重量等，都必须要符合出口合同的规定。由于在运输时，运输公司是以重量或体积来计算运费的，所以出口方应尽量选择重量轻的小体积包装，以节省运费。

（4）运输包装的刷唛要按买卖双方约定的式样，图形和文字要清晰、醒目、位置适当，涂料不能有脱落，并防止错刷。唛头的式样通常由出口

方制定，并及时通知进口方或者在合同上说明，以便即时刷唛和提货无误。如果合同上述规定由买方决定，则应要求买方在开出的信用证上注明或发运前10~15天通知卖方，否则卖方有权自行决定，并在货物运往装运港前刷唛完毕。

（5）货物备好的时间应该结合信用证规定的装运期限和船期安排，做到船货的良好衔接。

二、关于报检

对于国家法律、行政法规规定必须由出入境检验检疫机构实施检验检疫的物品以及对外贸易合同约定必须凭检验检疫机构签发的证书进行结算的物品，在装运前必须办理报检手续。

1. 申请报检应具备的条件

当备货具备以下四项条件时才可以申请报检：

（1）已经生产加工完毕且完成包装、刷唛、准备发运的整批出口货物；

（2）已经经过生产企业检验合格，并出具厂检合格单的出口货物；

（3）对于执行质量许可制度的出口货物，必须具有商检机构颁发的质量许可证或卫生注册登记证；

（4）必须备齐各项相互吻合的单证。

报检的出口货物除了需要上述4项条件同时具备外，还有时间和地点的限制。比如：最迟应在出口报关或装运前7天报检，对于个别检验检疫周期较长的货物应留有相应的检验检疫时间；如果是需要隔离检疫的出境动物，应在出境前60天预报，隔离7天报检；法定检验检疫的出口货物，除了活物需要有出境口岸检验检疫机构检验检疫外，原则上应坚持产地检验检疫。

2. 报检应提供的材料

在商品出境时，还要填制和提供“出境货物报检单”，同时提供外贸合同、销售确认书或是订单，以及商业发票、装箱单、信用证或有关函电，还有生产单位出具的厂检结果单原件、检验检疫机构签发的“出境货物运输包装性能检验结果单”正本。如果有以下情况，在报检时还要提供相关物品和材料：

（1）凭样品成交的，须提供样品；

（2）经预检的商品在向检验检疫机构办理换证放行手续时，须提供该检验检疫机构签发的“出境货物换证凭单”正本；

（3）产地与保管地不一致的商品，在向保管地检验检疫机构申请《出境货物通关单》时，须提交产地检验检疫机构签发的“出境货物换证凭单”正本或《出境货物换证凭条》；

（4）根据国家法律法规，实行卫生注册和质量许可的出境商品，须提供经检验检疫机构批准的注册编号或许可证编号；

（5）危险商品出境时，须提供“出境货物运输包装性能检验结果单”正本和“出境危险货物运输包装使用鉴定结果单”正本；

（6）特殊商品出境时，根据法律法规规定应提供有关审批文件。

出　货

在实际业务中，出口企业在落实信用证并备齐货物后，就应该按照买卖合同和信用证的规定开始着手办理租船或订舱、报关和投保等事宜，可以大致分为三个环节：一是货运，二是报关，三是投保。下面我们就来分别介绍一下。

一、货运

出口企业应该在合同或信用证规定的最迟装期前完成货物的出运，运输单据的签发日期就是装运日期，不能迟于信用证或是合同规定的最迟装

期。一般情况下，安排装运的基本流程如下。

（1）出口企业在备货完成并将单证准备齐全后，填制“订舱委托书”，并提供商业发票、装箱单及其他必要的单据，委托货代订舱。

（2）货代接受订舱委托后，缮制货物托运单，连同商业发票、装箱单以及其他必要单据一同向船公司办理订舱。

（3）船公司接受订舱后，在托运单的几联单据上标上与提单号码一致的编号，并填上船名、航次，此外还要把配舱回单、装货单等退还给托运人。

（4）托运人办理货物报关手续。

（5）海关对货物进行查验，符合出口条件的，海关在报关单以及装运单上盖放行章，并同意将其退还托运人。

（6）托运人凭海关盖章的装货单要求船长装货。

（7）装货后，由大副签署大副收据，交给托运人。

（8）托运人凭大副收据向船公司换取已装船提单正本。

（9）船公司凭大副收据签发正本提单，并交给托运人凭以结汇。

二、报关

我国《海关法》规定：凡是进出国境的货物，必须接受海关的监管，且必须经过海关查验、放行后，才可提取或装运出口。作为出口企业，在办理报关时，可以自行办理报关手续，也可以通过专业的报关经纪行或国际货运代理公司来办理。但无论是哪种报关，申请报关时，都必须填写出口货物报关单，有时还需要提供出口合同副本、发票、装箱单或重量单、商品检验证书及其他有关证件。

办理出口货物报关的时间一般应在装货前24小时。出口货物报关单是海关对出口货物凭以进行监管、查验、征税和统计的基本单据，所以申报人必须如实无误地填写报关单上的各项内容，并盖有向海关备案的“报关专用章”和报关员的名章，否则，海关不予受理。海关根据国家的相关政策规定，对提交的报关单据进行审核，对出口货物进行查验，确定货物与报关单据所列内容是否一致。经海关审核单证、查验货物、办理纳税手续后，如果你的货物和单据等都没有问题，那么海关会在报关单上盖“验讫”章，之后你的货物才予以放行。

三、投保

如果你的这次出口交易是按 CIF 条件进行，那么你还需要在货物装运前，根据合同或是信用证的有关规定向保险公司办理投保手续，在取得保险单据并在保险单背面空白背书，将受益人的权利转让给进口方。当然，外贸人员必须要注意的是，保险单上的保险条款和投保险别必须与信用证上的规定相一致，如果信用证没有规定投保险别，那么你也可以依据合同规定的保险条款和险别进行投保。至于保险金额，通常的做法是发票金额的 110%，如果信用证上要求提高投保比例，你也可以按照对方的意思进行投保，但超额保险费应由进口方负担，否则你有权拒绝。

第 8 节　收回货款最关键

备齐单证

出口企业在将货物顺利装运后，就应该立即按照信用证的要求，正确缮制各种单据，并在信用证规定的时间内，将单据和有关证件交送到银行。因为这是对所有的出口企业来说最重要的环节——收回货款。通过银行收取外汇，并将所得外汇出售给银行来换取人民币。而这一环节最重要

的就是要备齐各种单证，否则将无法实现货款回收。

在准备各种单证之前，首先要找全合同和信用证，且在信用证付款条件下要分析判断信用证对单证有哪些要求，并将有关的内容逐一列表。这样做的目的是方便办理单证时审核，同时还能有效防止发生差错和遗漏。除此之外，出口企业还要审核有关银行和当事人的名称、各种单证的份数、有关单据有无抬头和背书等。

我们知道，在信用证付款条件下，你所提供的单证要与信用证完全相符，银行才承担付款责任。所以，在制单时一定要慎之又慎，务必做到"正确、完整、及时、简明"四项基本要求。仔细来说：正确就是要求单证符合合同和信用证规定，同时也要符合有关的国际惯例和法律要求；完整就是说你的单证必须要严格按照信用证规定提供，无论是单据的份数，还是单据上的项目、内容等都必须要完整无缺；及时就是指各种单据的出单日期要在信用证规定的有效时间之内或是按照商业习惯的合理时间，有序且合理；简明就是说单证的内容要用尽可能简单的文字表达最清晰最完整的意思，各项内容要布局合理、层次分明、重点突出。

当然，作为外贸人员，除了要知道上面这些要求外，还要知道出口结汇具体需要哪些单据，下面就列举一下：

（1）汇票。填制汇票时要注意汇票的编码一般与发票号码一致，汇票的出票日期同提单日或是晚于提单日期，但不能早于提单日期，其他项目也要严格按照汇票各栏目要求填制。

（2）发票。发票的种类有多种，如商业发票、海关发票、领事发票、厂商发票、联合发票、形式发票、银行发票等，需要按照需求和规定仔细填写。

（3）提单。在各种单据当中，提单是最重要的单据，所以提单一定要严格按照信用证的规定进行填制。

（4）保险单。保险单上有被保险人一栏，而被保险人必须是信用证上的受益人，并且要加空白背书，以便办理保险单转让；此外，保险的金额和险别都要与信用证上的保持一致，保险单的签发日期不能晚于提单日。

（5）其他所需的单据。除了上面的单据，还可能需要普惠制产地证、原产地证明书以及装箱单和重量单等。

审 单

审单很好理解，就是指对已经缮制的各种单据进行复核和审查，以避免错误和遗漏。受益人也就是出口方，要想审核已经缮制好的单据，做到无错、无漏、无缺、准确、完整、有效的单据，不能随心所欲地查看，而是必须要有一套科学的审单方法。通常来说，受益人审单有如下几种方法比较适用，可以根据自己的实际情况选择其中一种。

一、单据与信用证对照审核

也有人将这种方法称为“纵横审核法”，也就是先后以纵、横的方法对单据与信用证的内容进行对照审核。具体操作时可以这样进行：第一道程序，依据信用证规定的条款与各种所需单据所列内容进行对照，一句一字地予以审核，做到单据与信用证完全相符，这种审核方法就是“纵向审核法”；第二道程序，是在诸单据中选择一份主要的单据，也叫大单据，比如商业发票或汇票，审核时，以商业发票为基础，与其他单据相对照，做到一份主单据与其他单据所列的内容完全相符，这种审核方法就是“横向审核法”，或者更形象地叫做“一单对照多单审核法”，旨在做到单据有效。

二、两道工序审核法

在外贸实践中，有些集团或跨国公司的制单业务是由各主管部门进行办理，然后集中于一处由专家予以审核单据。在这种情况下，各部门缮制单据时就必须要做到制、审相结合，保证没有差错。我们可以看到，此种程序先是各主管部门自己“一缮一审”，然后又由专家进行“综合复审”，但这种相结合的方法并不是简易的重复，而是要抓住扼要内容一审再审。当然，除了扼要内容外，其他内容也要进行审核，但通常作统计审核，就可完成。

三、即期装船审核单据法

熟悉海上运输的业务员都知道，海上航运业务的运转是以计划、装卸、起航、航程及日期来进行安排的。所以，我们还可以把航次的安排、运输的吞吐进度及审核单据的进度相结合，以每航次的装货时间安排审核单据。这种审核单据的特点是化整为零，如果你的公司有多笔契约货物须装运，且只能依装货的轻重缓急为序，那么在审核单据时就可以选择这种方法，以即期装船为主线，集中全力审核单据，保证单据的质量并且有效。

交单结汇

出口企业在按照信用证要求缮制完各种单据后，应在信用证规定的有效期限和交单期限内将各种单据以及相关的证件送交到银行。这样，银行才能收取外汇，并将所得外汇出售给银行换取人民币，完成出口结汇，也就是企业才能得到货款。现在我国的出口贸易中通常都采用信用证方式付款。这种方式下，出口企业只要将符合信用证要求的所有单证按时交给议付行就可以了，至于剩下的工作则由银行来负责。信用证条件下结汇有两种方式，一是买单结汇，一是受托结汇。两种方式都在前文有讲述，这里就不再赘述，但都需要出口企业将完整的单据交给银行，然后才能进行结汇。

除此，还有一种叫做“国际保理”的结汇方式，在采用 D/P、D/A、O/A 等商业信用付款方式下可以采用这种结汇方式。与信用证结汇一样，国际保理的方式也需要出口方在发货后将全套单据交给出口保理商，然后即可获得 80% 及以上无追索权的融资款。

当然，还有一种不必要对单据如此费心的结汇方式，就是汇款（目前最主要的是电汇），正如前面讲述的，如果你够幸运，那么你的客户可能会采用 100% 前 TT 的方式把货款先给你汇过来；如果你的客户比较强硬，要求 100% 后 TT 的话，你需要慎之又慎，否则你可能钱货两空。鉴于前面两种方式都有失公允，所以 30% 前 TT 的方式普遍受到欢迎，只不过这种结汇方式，对单据的要求并没有信用证那样严格。

出口收汇核销与出口退税

出口企业在办理完货物的装运出口，甚至完成制单结汇后还没有完成全部工作，因为下一步还要即时办理出口收汇核销和出口退税。

先来说说出口收汇核销。所谓出口收汇核销是国家为了加强出口收汇管理，保证国家的外汇收入，防止外汇流失，指定外汇管理部门对出口企业贸易项下的外汇收入情况进行事后监督检查的一种制度。所以，只要是涉及出口收汇的贸易方式，无论是一般贸易、易货贸易、租赁，还是寄售、展卖等，都要进行出口收汇核销。出口收汇核销的一般程序如下：

（1）出口单位在货物出口前事先领取核销单；

（2）出口单位向海关交验核销单，海关审验后，再退回给出口单位；

（3）货物出口后，出口单位将有关单据及附有核销单编号的发票交银行收汇，与此同时，还需将核销单存根及有关单据送还签发核销单的外汇局；

（4）银行收妥货款后，将结汇水单退还给出口单位；

（5）出口单位将银行确认货款已经收回的结汇水单以及由海关退回的原核销单送外汇局，核销该笔收汇。

除了出口收汇核销，出口退税也是出口贸易的一个后续工作。出口企业在完成出口收汇等事务后，凭出口货物报关单、出口销售发票、出口购货发票、银行结汇水单以及出口收汇核销单到国家税务机关，经税务机关审核无误后，就可以办理出口退税，也就是可以退还部分税款。

第9节　熟悉各国商务习俗

英国

英国人向来以“绅士”著称，他们注重修养，注意穿衣打扮，讲究文明礼貌，待人友好热情，英国人的性格多偏向于拘谨、郑重、温和、细心和耐心。所以与英国人谈生意时，态度一定要保守、谨慎。第一次见面或在特殊的场合，或者是表示赞同与祝贺时英国人才相互握手。在英国，他们不喜欢在早餐时间谈生意。一般说来，他们的午餐比较简单，但对晚餐比较重视，并将其视为正餐。所以，如果是重大的宴请活动，最好放在晚餐时进行。如果你需要到英国客户家里做客，最好带点不太昂贵但有特色的礼品，如：高级巧克力、名酒、鲜花等，尤其是我国具有民族特色的民间工艺美术品，他们会格外欣赏，但最好不要打上公司的标记。通常情况下，英国人聚会会选择在酒店、饭店进行，而不喜欢在家里。他们崇尚节俭，不喜欢铺张浪费。所以，与英国人谈生意时，最好摒弃“大排场”的老观念。餐桌礼仪也是英国人格外重视的，比如倒茶的手法、上菜的次序等都很有讲究。

大多数英国人都很务实，在与他们的商务往来中，不要夸夸其谈，更不要轻率随便地表达自己的态度；在动作上，不要指手画脚，不要跷二郎腿，也不要把两腿张得很大。如果是站着谈话，不要把手插在衣服的口袋中，不要和第三人小声嘀咕，也不要捂着嘴冲他们发笑。

另外，在称呼上也需要多注意。虽然英国英格兰人占到了80%以上，但你的客户却可能是苏格兰人、威尔士人或是北爱尔兰人，所以你不要随便说他们是哪里人，但如果用“大不列颠人”则能使所有的英国人接受。

英国人还有一些小喜好，作为外贸人员也不妨了解一些。比如：英国人喜欢甜、酸、微辣的口味，而对太咸的东西稍有抵触，他们也不喜欢加味精调味，而牛肉、腌肉、蛋类、禽类、水果、甜品等都是英国人比较青睐的食物，但他们不吃狗肉。在饮品上，英国人喜欢喝点啤酒、苏打水、葡萄酒、香槟酒，不少英国人也喜欢喝烈性威士忌，但他们不劝酒；茶叶是英国人的喜好，比如奶茶、柠檬茶等都很受英国人的喜爱。

信奉的宗教：大多数英国人信奉基督教，也有少部分人信奉天主教。

特别的忌讳：英国人忌讳数字“3”和“13”，不喜欢百合花（他们认为这是死亡之花），忌讳用人像、大象、孔雀作为衣服或商品的装饰图案。

美国

美国人不大讲究穿戴，他们穿衣以宽大舒适为原则，基本上凭自己的喜好来穿，别人也不会议论或讥笑。但在正式场合，美国人就比较讲究礼节了。比如，接见时，要讲究服饰，注意整洁，穿着西装较好，尤其皮鞋

要擦亮，指甲要干净。美国商人很少握手，哪怕是第一次见面，有时也只是点头微笑致意，礼貌地打招呼。

美国人与人谈话时不喜欢彼此离得太近，一般应保持120~150厘米，最少也不得小于50厘米。在美国，12岁以上的男子就已经享有“先生”的称号了，但多数美国人日常并不爱用先生、夫人、小姐、女士之类的称呼，也很少用正式的头衔来称呼别人。他们觉得那样太郑重其事了。他们喜欢别人直接称呼自己的名字，并视为这是亲切友好的表示。

美国人说话非常客气，比如美国的海关人员总是会把“请”和“谢谢”挂在嘴上，“请你打开箱子”“请你把护照拿出来”，检查完毕时，还会说“祝你旅途愉快”“今天天气真好”等客套话。

如果你需要去拜访你的美国客户，必须要先预约，无论是去他的单位还是家里，而且最好在即将抵达时，先通个电话告知一下。否则，你贸然登门是非常失礼的。

对美国商人来说，准时守信是相当重要的品质，但他们又很喜欢表现自己的不正式、随和与幽默感。所以，如果你能经常说几句合适的笑话，也可能更容易为对方接受。美国人做生意讲究诚信、遵守合同、重视效率，他们表达自己的观点和立场也很坦率和直接，面对重要的事情他们往往会坚持原则绝不动摇。美国人公私分明，对于自己分内的事情，他们都会认真地完成，但不喜欢做分外的事，也不喜欢在工作之外的时间谈工作或是处理工作上的事情。美国商人还有一个特点，就是喜欢边吃边谈，非常善于讨价还价，重视包装和效益的最大化。这一点，外贸人员一定要谨记。另外，美国商界流行早餐与午餐约会谈判，这一点与英国商人有很大不同。

由于美国人比较随意，所以他们对浅洁的颜色更加青睐，如牙黄色、浅绿色、浅蓝色、黄色、粉红色、浅黄褐色等，这也是他们购买习惯的一个方面。

信奉的宗教：美国80%以上是欧洲移民，大多数人信奉基督教和天主教，少部分人信奉犹太教和东正教。

特别的忌讳：美国人忌讳数字“13”，也忌讳“星期五”，对黑色也很讨厌，忌赠送女士香水、衣物和化妆品。

加拿大

加拿大人的特点是性格开朗、不保守，他们的自由观念较强，行动上比较随便，并不十分注重礼节。但他们对生活起居比较在意，如住房要求整洁、舒适，卫生设备齐全。在加拿大，除受宗教影响的少数村庄外，一般并没有十分明显的色彩爱好，所以如果想要争取加拿大市场，就必须要了解市场形势，根据国际色彩用语和蒙赛尔色系记号阅读色彩样本，改进设计，增强竞争力。

与加拿大人做生意，应该因人种而变换手法。比如：和英国后裔商谈时，从进入商谈到决定价格这段时间会非常艰苦，你们可能一会儿卡死在这个问题上，一会儿又卡死在那个问题上，所以，商谈很费时间，但好处在于一旦你们签订了契约，就稳如泰山了。如果是和法国后裔商谈则恰恰相反，他们和蔼可亲，无微不至，一旦坐下来正式进行商谈就判若两人，讲话慢条斯理，让人难以捉摸。所以，要谈出一个结果来，不仅十分费劲，就算签订了契约也仍旧会有不安。

加拿大商人中，90%为英国和法国后裔，大体而言，属于保守型，不喜欢产品的价格上上下下，经常波动，他们喜欢与一个可靠的供应商长期合作。所以，你的销售应该在上班时间，以正式方式提出，态度谨慎，一旦谈成一次愉快的合作，那么你以后的订单也就不用发愁了。

另外，如果你的客户是魁北克省的法裔加拿大人，那么在谈生意时你若能说上几句法语，常有意想不到的好处。加拿大人虽然性格开朗，不保

守，但也不像美国人那样随便，大部分招待会在饭店和俱乐部举行。

你还需要注意一些小细节：加拿大人不喜欢别人过分地把他们的国家和美国进行比较，他们喜欢外来人谈有关他们的国家和人民的长处。他们喜欢过圣诞节，节日中，火鸡和丁香是他们不可缺少的菜肴，而节日活动的内容则与欧洲其他国家相似。

信奉的宗教：加拿大人信封的宗教为天主教和基督教。

特别的忌讳：加拿大人通常忌讳数字“13”和“星期五”，他们对单数似乎不是很喜爱，在他们举行的宴会上，一般都是双数的席次，白百合也是加拿大人的忌讳。

意大利

意大利人的民族感很强，他们热爱自己的国家，并以自己是意大利人而感到自豪。意大利人性格开朗，善于交际，重视友谊，如果能取得他们的信任，你的生意就会不断持续下去。夏季是意大利人度假的高峰期，很多人要到国外度假，且圣诞节前后各一周休息，所以这一段时间要尽量避免谈生意。

与意大利人进行商务往来，最好穿较为庄重的深颜色的三件套西装。他们对初次见面的客人非常客气和礼貌，所以无论何种生意，第一次面谈时他们的答复都是模棱两可，一般要经过几次见面和接触后，如果你能给对方留下好印象，那么今后的生意洽谈就会顺利得多。

意大利人的生意观念与我国的“顾客就是上帝”的观念不一样，他们认为买卖双方均处于平等地位，比如：在意大利的零售商店，一旦你选中了某种商品，就非买不可了。

意大利商人的精明是举世公认的，而且商业道德水准也很高，在交往中，一定要尊敬他们，特别是在说话时必须注视对方，否则他们会认为你很失礼。意大利人说话心直口快、情绪爱激动，谈问题时从不转弯抹角或耍心计，一般都是直出直入的开诚布公。另外，与意大利商人打交道最好少谈政治、经济等较为敏感的问题。还有，意大利货币为里拉并禁止出关，而外币进关不限，这一点也需要注意。

意大利人在与宾客相见时，全部喜欢握手，并习惯热情地向客人问好，面带笑容地以“您”字来称呼客人，但也常常用打手势来表达意思。在意大利，凡是大学毕业生都有头衔，而且非常希望你在称呼他们时使用头衔。但意大利人时间观念并不强，约会总习惯迟到，并认为这是礼节风度。在官方场合，意大利人都会衣着整齐、举止端庄，即使平时他们很爱打扮自己，喜欢在服饰上标新立异。颜色上，他们更偏爱绿色。

意大利人习惯吃西餐，以法式大餐为主，一般都对晚餐比较重视。进餐时大多数人都喜欢喝酸牛奶。他们对中国的饭菜极为欣赏，大多数人都喜欢吃中国的美味佳肴。

信奉的宗教：90%以上的意大利人信奉天主教。

特别的忌讳：手帕、丝织品和亚麻织品绝不能作为礼品送人；他们忌讳菊花，认为其是墓地之花；他们同样忌讳“13”和“星期五”。

法国

法国人热情开朗，浪漫奔放，讲起话来常常滔滔不绝，热情洋溢。他们讲究服饰着装，尤其是女士更喜欢使用化妆品，穿着时尚的服装。他们特别爱好音乐、舞蹈，即便明天要奔赴战场，今天也要参加跳舞晚会，大家欢乐一番。

在与法国人的商务往来中，他们集中体现了以下特点，如：立场极为坚定，坚持在谈判中使用法语（所以，你得学几句法语会话时才能应对自如）；明显地偏爱横向式谈判，即他们喜欢先为协议勾画出一个轮廓，然后再达成原则协议，最后在进一步确定协议上的各个方面或是细节。法国商人都具有戴高乐式的依靠坚定的“不”字以谋取利益的高超本领。与法国人进行商务活动要严守时间。法国人爽朗、热情，比较幽默、诙谐，喜欢交谈，但圣诞节及复活节前后两周内他们可能不愿意谈及生意上的事，所以不宜往访。另外，每年的7月15日至9月15日为当地人度假期，这一段时间的商业活动也会减弱。

信奉的宗教：法国法兰西人约占94%，绝大多数人信奉天主教。

特别的忌讳：法国人忌讳“13”和“星期五”；忌打听他们的政治倾向、工资、个人私事及女子的年龄；忌讳孔雀与仙鹤；忌讳黄色与墨绿色；认为杜鹃花、纸花、黄色的花和核桃都是不吉利的。

德国

德国人纪律性很强，做事严谨，讲求工作效率和信誉，但同时德国人非常注重感情，待人热情。他们重视称呼，不喜欢别人直呼其名字，而称呼其头衔他们会很高兴。在见面和告别时，要与他们握手才显得礼貌有加。

同德国人洽谈商务事宜，不要过多地聊与生意不相关的话题，更不要与他人窃窃私语。德国商人不愿浪费时间，所以宜先熟悉问题，单刀直入。可以毫不客气地说，德国商人缺乏灵活性，所以如果你的报价总是改来改去，他们会很反感，而且在利益面前他们也不会做出很大让步。

德国人很注意外观和衣着，在正式的场合都要穿戴整洁，且他们讲究男士穿三件套西装，女士穿裙式服装。往访北部，戴帽子更佳。

与德国商人交谈时尽量说德语，或携同译员同往。尽管多数商人能够说一些英语，但使用德语会令对方高兴，尽量以握手为礼。握手要用右手，伸手动作要大方。称呼对方多会用“先生”“女士”等。有时，对方会为你穿、脱外套，不妨接受，再说声“谢谢”，当然如果有机会，你也可以替他或其他人穿脱外套。

如果你受邀到德国人家中做客，通常宜带鲜花去，鲜花是送女主人的最好礼物，但必须要单数，5 朵或 7 朵即可。他们喜欢吃猪肉或牛肉，喝啤酒和葡萄酒。他们还对女性格外尊重，比如在宴会上，女士离开或返回时，男士一般要站起来表示礼貌。

信奉的宗教：德国人中约有一半人信奉基督教，另外还有相当大的一部分人信奉天主教。

特别的忌讳：德国人忌讳吃核桃，忌讳送人蔷薇，忌讳“13”与“星期五”，忌送人刀、剑、剪、餐刀和餐叉等，褐色、白色、黑色的包装纸和彩带包装、捆扎礼品也不受欢迎。

印度

印度是一个讲礼节的民族，也是一个东西方文化共存的国度。所以，有的印度人见到外国人时，能用标准的英语问好，而有的则用传统的佛教手势——双手合十。虔诚的印度教徒都有早睡早起的习惯，他们每天清晨冲完凉后做祷告，然后才开始一天的工作。印度人喜爱 3、7、9 数字。他们喜欢红色、蓝色、黄色、绿色、紫色等鲜艳颜色，而黑、白、灰等颜色则常会受到冷遇。印度人偏爱吃辣，主食以米饭为主，习惯用手抓食，不吃蘑菇、笋、木耳、面筋、烤麸等，也不喜欢旺火爆炒而成的菜肴。

印度商人善于钻营，比如进行商业谈判时，他们会很自然地说：“你们的资本比我们的多，所以，这笔费用该由你们支付。”在与印度人谈生意时，常常因遇到这种场面而闹得啼笑皆非，但他们认为这是“顺理成章”的事。

另外，印度商人急功近利，图方便，他们喜欢凭样交易。所以，洽谈

中你最好多出示样品，广为介绍经济实惠的品种。在商务谈判中，他们往往细细研究，费时较久，这需要你极具耐心。当然，印度商人也有自己的忌讳，他们不喜欢你在他们面前谈论印度的赤贫、庞大的军费及外援。在孟买入海关者，应在海关申请饮酒许可，因为孟买市面无酒可购。

信奉的宗教：印度居民大多信奉印度教，其次为伊斯兰教、基督教和锡克教。

特别的忌讳：由于印度受中西方文化以及众多宗教的因素的综合影响，所以他们忌讳颇多：如白色被认为是悲哀，百合花被当做悼念品；他们还忌讳弯月的图案；把1、3、7看为不吉利的数字；他们忌讳左手传递东西或食物；印度教徒最忌讳众人在同一盘中取食；伊斯兰教徒禁食猪肉和猪制品，他们也禁食牛肉；忌穿皮革和丝绸的民间习俗。

新加坡

新加坡是一个集中多国人口的地方，所以其风俗与习惯也多与其母国相似。马来语是新加坡的国语，而英语和华语为其官方语言。

新加坡人十分注重环境卫生，所以与新加坡商人往来时，切忌随地吐痰、丢弃废物，否则可能会招致很大的反感。另外，新加坡人很注重礼节，其中，华裔在礼仪方面与我国十分相似，且保留了中国古代的传统，见面时鞠躬或握手；印度裔的新加坡人保持着印度的礼节和习俗；马来血统、巴基斯坦血统的人则按照伊斯兰教的礼节行事。

信奉的宗教：在新加坡，华人占到75%，多信奉佛教。

特别的忌讳：用食指指人、用紧握的拳头打在另一只张开的掌心上或紧握拳头、将拇指插入食指和中指之间均被认为是极端无礼的动作；忌说“恭喜发财”；忌紫色、黑色、黄色；在商业上，忌使用如来佛的形态和侧面像；忌使用宗教词句做标志；忌讳乌龟；忌讳“4”“6”“7”“13”

"37"和"69"，尤其讨厌"7"；忌摸别人的头，尤其不能摸孩子的头。

澳大利亚

澳大利亚人，不论地位多高，多数都很平易近人，热情诚恳，同时他们也如同英国人一样谦逊礼让，能够真诚而专注地倾听你的意见。澳大利亚人时间观念强，办事认真，组织纪律性也很强，做事不喜欢拖拖拉拉。所以，同他们商谈一定要先联系并准时到达，谈的过程中也要讲究高效。

和澳大利亚客户做生意，最好是在3月至11月去拜访，而12月至次年的2月为休假期。此外，圣诞节和复活节前后一周也不宜拜访。另外，澳大利亚是一个讲求平等的社会，不喜欢以命令的口气指使别人。他们把公和私分得很清楚，所以不要以为一起进过餐，生意就好做了。

在饮食上，澳大利亚人以英式西餐为主，口味清淡，忌辣，有些人还可能忌吃酸味食品；伊斯兰教徒恪守教规，禁食猪肉和使用猪制品。

信奉的宗教：澳大利亚主要是英国和其他欧洲国家的移民后裔，所以大部分居民信奉基督教，少数人信奉犹太教、佛教和伊斯兰教。

特别的忌讳：忌讳兔子；忌讳数字"13"；忌向人眨眼，会被认为是极不礼貌的行为。

俄罗斯

俄罗斯人拥有冷漠与热情的两重性，商人们也是一样。与俄罗斯商人初次交往时，往往非常认真、客气，见面或道别时，多会握手或拥抱以示友好。俄罗斯商人对自己的名片格外珍视，除非确信对方值得信赖或是自己的业务伙伴时才会递上名片。

在进行商业谈判时，俄罗斯商人很在意合作方的举止细节。比如：站

立时，身体不能靠在东西上，且要挺胸收腹；坐下时，两腿不能随意抖动；即便是在商谈休息时，也不能做一些有失庄重的小动作，比如说伸懒腰、掏耳朵、挖鼻孔或修指甲等，更不能乱丢果皮、烟蒂和吐痰。

俄罗斯商人的思维方式大多比较古板，不易变通，所以，在谈判时要保持平和宁静，不要轻易下最后通牒，不要试图速战速决。俄罗斯商人最看重商品质量的好坏及用途，他们认为那些能够吸引和满足广大消费者一般购买力的商品才是生财之道。

大多数俄罗斯商人做生意的节奏缓慢，温文尔雅，所以，在商业交往时最好穿庄重、保守的西服，但不要是黑色的，俄罗斯商人较偏爱灰色、青色。在俄罗斯商人眼里，衣着服饰是否考究不仅是身份的体现，更是此次生意是否重要的主要判断标志之一。

俄罗斯商人对喝酒吃饭很少拒绝，但他们在意的不是排场和菜肴，而主要看是否能尽兴。他们十分注重建立长期关系，特别是私人关系，而在酒桌上，这种关系最容易建立。所以你最好知道俄罗斯人的口味，他们重视早餐和午餐，晚餐则比较随便，用餐的时间较长，他们对中餐大多都很感兴趣。另外，俄罗斯人常认为“7”是幸运数字，意味着幸福和成功。而鲜花、艺术品、图书或烈性酒作为礼物送给俄罗斯人都是受欢迎的，但送花要送单数。

信奉的宗教：俄罗斯人的主要宗教是东正教。

特别的忌讳：忌讳数字“13”；不喜欢黑猫和兔子；忌讳打碎镜子。

韩国

韩国是礼仪之邦，在正式交际场合，韩国人一般都采用握手作为见面礼节，但韩国妇女一般不与男子握手，而往往代之以鞠躬或点头致意。通常，韩国人在称呼他人时爱用尊称和敬语，喜欢称呼对方头衔。他们对社交场合的穿着打扮十分在意，通常都穿着西式服装，邋里邋遢、衣冠不整，或着装过露、过透的人，都会让人看不起。商务活动或拜访韩国人，必须预先约定，且务必准时。

韩国饮食以辣、酸为主要特点，主食主要是米饭、冷面，泡菜、烤牛肉、烧狗肉、人参鸡等都是他们喜爱的菜肴。他们的饮食品种不太多，绝大多数都比较清淡。

韩国人的民族自尊心很强，不要将其称为“南朝鲜”“南韩”或“朝鲜人”，而应该称为“韩国”或“韩国人”。他们反对崇洋媚外，倡导使用国货。送礼时，可以选择鲜花、酒类或工艺品，但最好不要送日本货。

韩国人重视对交易对象的印象，商业谈判时若能遵守他们的生活方式，他们会对你的好感倍增。用餐时，不可边吃边谈。如不遵守这一进餐的礼节，极可能引起人们的反感，因此务必小心。

信奉的宗教：佛教徒约占全国的1/3，除此还有人信奉基督教、儒教、天道教等。

特别的忌讳：忌讳数字“4”，以及与之相同的发音；忌讳用“十八子”来拆解“李”字；忌讳有人在面前擤鼻涕、吐痰、掏耳朵或衣冠不整；不爱吃羊肉、肥猪肉和鸭子。

日本

日本人十分注重礼节和穿着，在正式场合，男子多穿深色西服，女子穿和服。日本人性格多有斯文、礼貌、谦虚、含蓄的特点，对待工作非常严谨、苛刻，条理性很强，注重效率。日本人见面喜欢行鞠躬礼，第一次见面可以不握手，代之以90度的鞠躬，以示尊敬。如果相互比较熟悉，可以主动握手，但如果对方是女士一定要等女士主动伸手后才可以握手。日本人喜欢吃冷面和海鲜，闲谈时他们更爱谈论茶道。

日本的一些商务礼仪与中国很相似，比如递名片或端茶时需要双手奉上等。日本商人很注重面对面接触洽谈生意，但对于重要决定他们通常要由集体商定后做出。

信奉的宗教：日本以神道教和佛教为主，也有少数日本人信奉基督教和天主教。

特别的忌讳：忌讳紫色和绿色；忌讳数字“4”和“13”；忌讳装饰有狐狸、獾图案的东西；忌讳送人梳子；忌讳左向掩衣襟的服装。

附　录

附录1　进出口常见费用及各航线费用组成简表

海运费	ocean freight
集卡运费、短驳费	Drayage
订舱费	booking charge
报关费	customs clearance fee
操作劳务费	labour fee or handling charge
商检换单费	exchange fee for CIP
换单费	D/O fee
拆箱费	De - vanning charge
港杂费	port sur - charge
电放费	B/L surrender fee
冲关费	emergent declearation change
海关查验费	customs inspection fee
待时费	waiting charge
仓储费	storage fee
改单费	amendment charge
拼箱服务费	LCL service charge
动、植检疫费	animal & plant quarantine fee
移动式起重机费	mobile crane charge
进出库费	warehouse in/out charge

续 表

提箱费	container stuffing charge
滞期费	demurrage charge
滞箱费	container detention charge
卡车运费	cartage fee
商检费	commodity inspection fee
转运费	transportation charge
污箱费	container dirtyness change
坏箱费用	container damage charge
清洁箱费	container clearance charge
分拨费	dispatch charge
车上交货	FOT (free on track)
电汇手续费	T/T fee
转境费/过境费	I/E bonded charge
空运费	air freight
机场费	air terminal charge
空运提单费	airway bill fee
燃油附加费	fuel surcharge
安全附加费	security sur - charge
抽单费	D/O fee

附录 2 世界主要港口

一、北美洲地区

1. 加拿大（Canada）

哈利法克斯港埠公司（Halifax Port Corporation）

哈密尔顿港（Port of Hamilton）

蒙特利尔港（Port of Montreal）

圣约翰港埠公司（Saint John Port Corporation）

多伦多港（Port of Toronto）

锡得尼港（Port of Sydney－Canada）

埃尔波尼港（Port Alberni）

贝塞德港（Port of Bayside）

贝拉顿港（Port of Belledune）

彻奇尔港（Port of Churchill）

达尔豪西港（Port of Dalhousie）

鲁珀特港埠公司（Prince Rupet Port Corporation）

魁北克港（Port of Québec）

2. 墨西哥（Mexico）

维拉克鲁斯港（Puerto de Veracruz）

马萨特兰港（Port of Mazatlan）

3. 美国（United States）

安那柯的斯港（Port of Anacortes）

巴尔的摩港（Port of Baltimore）

贝灵哈姆港（Port of Bellingham，Wa.）

查尔斯顿港（Port of Charleston）

克珀斯—克里斯堤港（Port of Corpus Christi）

卡拉玛港（Port of Kalama）

格雷斯港（Port of Grays Harbor）

休斯敦港（Autoridad Portuaria de Houston）

维特曼港（Port of Whitman）

杰克森维尔港（Port of Jacksonville）

洛杉矶港（Port of Los Angeles）

莫比尔港（Port of Mobile）

新罕布什尔港（New Hampshire Port Autority）

塔科马港（Port of Tacoma）

威尔明顿港（Port of Willmington）

奥克兰港（Port of Oakland）

斯托克顿港（Port of Stockton）

圣路易斯港（St. Louis Port Authority）

亚瑟港（Port of Port Arthur）

波特兰港（Port of Portland）

圣保罗港（The Saint Paul Port Authority）

圣地亚哥港（Port of San Diego）

西雅图港（Port of Seattle）

纽约—新泽西港（Port Authority of New York and New Jersey）

费城—卡姆登港（Port of Philadelphia and Camden）

匹兹堡港管理委员会（Port of Pittsburg Commission）

印第安纳港口管理委员会（Indiana Port Commission）

德拉华河港口管理局（Delaware River Port Authority）

北卡罗来纳港（North Carolina State Ports Authority）

二、非洲地区

1. 安哥拉（Angola）

罗安达港（Port of Luanda）

2. 南非（South Africa）

德班港（Port of Durban）

理查德湾港（Port of Richards Bay）

塞丹哈港（Port of Saldanha）

开普敦港（Port of Capetown）

伊丽莎白港（Port of Port Elizabeth）

莫斯湾港（Port of Mossel Bay）

东伦敦港（Port of East London）

三、南美洲地区

1. 阿根廷（Argentina）

阿根廷港口（Ports of Argentina）

布兰卡港（Port of Bahia Blanca）

里伐达维亚港（Comodoro Rivadavia）

马德普拉塔港（Mar del Plata Port）

2. 巴拿马（Panama）

巴拿马港口国家管理局（National Port Authority of Panama）

3. 巴西（Brazil）

伊塔日阿伊港（Port of Itajai）

达·马德拉港（Port of Ponta da Madeira）

里奥格兰特港（Port of Rio Grande）

萨尔瓦多港（Port of Salvador）

圣多斯港（Port of Santos）

维多利亚港（Port of Vitoria）

4. 巴巴多斯（Barbados）

巴巴多斯港（Port of Barbados）

5. 哥伦比亚（Colombia）

布韦那文图拉港（Port of Buenaventura）

巴兰基利亚港（Port of Barranquilla）

埃尔鲍斯克海港（El Bosque Sea Terminal）

6. 萨尔瓦多（El Salvador）

阿卡胡特拉港（Port of Acajutla）

库图科港（Port of Cutuco）

7. 秘鲁（Peru）

秘鲁港口国有公司（National Port Enterprise of Peru）

8. 智利（Chile）

瓦尔帕莱索港（Port of Valparaiso）

阿里卡港（Port of Arica）

智利港口（Ports of Chile）

四、欧洲地区

1. 比利时（Belgium）

安特卫普港（Port of Antwerp）

根特港（Port of Ghent）

泽不腊赫港（Port of Zeebrugge）

2. 克罗地亚（Croatia）

克罗地亚港口（Ports of Croatia）

3. 丹麦（Denmark）

奥尔堡港（Port of Aalborg）

奥尔胡斯港（Port of Aarhus）

奥本罗港（Port of Aabenraa）

4. 芬兰（Finland）

芬兰港口（Finnish Ports）

赫尔辛基港（Port of Helsinki）

盖密港（Port of Kemi）

科科拉港（Port of Kokkola）

科特卡港（Port of Kotka）

奥鲁港（Port of Oulu）

波里港（Port of Pori）

彼太萨立港（Port of Pietsarsaari）

腊黑港（Port of Raahe）

托尔尼奥港（Port of Tornio）

哈米纳港（Port of Hamina）

5. 法国（France）

波尔多港（Port of Bordeaux）

布勒斯特港（Port of Brest）

勒阿弗尔港（Port of Le Havre）

6. 德国（Germany）

汉堡港（Port of Hamburg）

7. 直布罗陀（Gibraltar）

直布罗陀港（Port of Gibraltar）

8. 希腊（Greece）

塞色勒狄克港（Port of Thessaloniki）

9. 冰岛（Iceland）

雷克亚未克港（Port of Reykjavik）

10. 意大利（Italy）

热那亚港（Port of Geneva）

斯培西亚港（Port of La Spezia）

那不勒斯港（Port of Napoli）

拉文纳港（Port of Ravenna）

萨累诺港（Port of Salerno）

萨沃纳港（Port of Savona）

奥古斯塔港（Port of Augusta）

11. 拉脱维亚（Latvia）

拉脱维亚港口（Ports of Latvia）

12. 荷兰（Netherlands）

鹿特丹港（Port of Rotterdam）

13. 挪威（Norway）

奥斯陆港（Port of Oslo）

苏拉港（Port of Sola）

14. 波兰（Poland）

格但斯克港（Port of Gdansk）

斯文诺斯切港（Port of Swinoujscie）

15. 葡萄牙（Portugal）

锡土巴尔港（Port of Setúbal）

锡尼什港（Port of Sines）

16. 罗马尼亚（Romania）

康斯坦萨港（Port of Constantza）

17. 俄罗斯（Rusia）

诺沃罗西斯克港（Port of Novorossiysk）

圣彼得堡港（Saint Petersburg Port Authority）

乌斯特—鲁戈港（Port of Ust－Luga）

符拉迪沃斯托克港（Port of Vladivostok，即海参崴港）

18. 西班牙（Spain）

巴塞罗那港（Port of Barcelona）

卡塔赫纳港（Port of Cartagena）

桑坦德港（Port of Santander）

毕尔巴鄂港（Port of Bilbao）

拉·科鲁纳港（Port of La Coruña）

塔腊戈纳港（Port of Tarragona）

维利亚加西亚·德·阿罗萨港（Port of Vilagarcia de Arosa）

卡的斯港（Port of Cadiz）

拉斯柏尔马斯港（Port of Las Palmas）

巴伦西亚港（Port of Valencia）

马拉加港（Port of Malaga）

阿尔梅里亚港（Ports of Almeria and Motril）

休达港（Port of Ceuta）

19. 瑞典（Sweden）

瑞典港口（Swedish Ports）

法尔肯贝里港（Port of Falkenberg）

哥德堡港（Port of Goteborg）

哈尔姆斯塔德港（Port of Halmstad）

赫纳散德港（Port of Harnsosand）

赫尔辛堡港（Port of Helsingborg）

马尔默港（Port of Malmoe）

诺尔彻平港（Port of Norrkopings）

塞德特里耶港（Port of Sodertalje）

瓦尔汉姆港（Port de Wallhamn）

20. 英国（United Kingdom）

英吉利港口（Associated British Ports）

埃尔和特隆港（Ayr and Troon）

巴罗港（Barrow）

巴里港（Barry）

加的夫港（Cardiff）

科尔切斯特港（Colchester）

弗利特伍德港（Fleetwood）

加斯顿港（Garston）

古耳港（Goole）

格里姆斯比港（Grimsby）

赫尔港（Hull）

伊明翰港（Immingham）

金斯林港（King's Lynn）

洛斯托夫特港（Lowestoft）

纽波特港（Newport）

伦敦港口管理局（Port of London Authority）

普列茅斯港（Plymouth）

锡洛斯港（Silloth）

南安普顿港（Southampton）

斯温西港（Swansea）

泰尔柏特港（Talbot）

廷默思港（Teignmouth）

惠特比港（Whitby）

贝尔法斯特港（Port of Belfast）

五、亚洲地区

1. 中国（China）

上海港（Port of ShangHai）

连云港港（Port of Lianyungang）

宁波港（Port of NingBo）

大连港（Port of Dalian）

青岛港（Port of QingDao）

香港港口（Port of Hong Kong）

高雄港（Port of Kaohsiung）

花莲港（Port of Hualien）

基隆港（Port of Keelung）

台中港（Port of Taichung）

2. 韩国（Korea）

釜山港（Port of Busan）

仁川港（Port of Inchon）

木蒲港（Port of Mokpo）

3. 日本（Japan）

神户港（Port of Kobe）

名古屋港（Port of Nagoya）

横滨港（The Port of Yokohama）

川崎港（Port of Kawasaki）

梗津港（Port of Kisarazu）

北九州港（Port of Kitakyushu）

酒田港（Port of Sakata）

千叶港（Port of Chiba）

科威特（Kuwait）

科威特港（Kuwait Ports Public Authority）

4. 马来西亚（Malaysia）

民都鲁港（Bintulu Port Authority）

柔佛港（Johore Port Authority）

昆坦港（Kuantan Port Authority）

古晋港（Kuching Port Authority）

马六甲港（Malacca Port Authority）

5. 阿联酋（United Arab Emirates）

迪拜港（Port of Dubai）

6. 菲律宾（Philippines）

马尼拉港（Manila）

7. 印度（India）

加尔各答港（Port of Calcutta）

贾瓦哈拉港（Port of Jawaharlal）

孟买港（Port of Mumbai）

8. 印度尼西亚（Indonesia）

丹绒布绿港（Port of Tanjung Priok）

9. 以色列（Israel）

以色列港（Israel Ports and Railways Authority）

10. 巴基斯坦（Pakistan）

卡拉奇港（Port of Karachi）

11. 新加坡（Singapoore）

新加坡港（Port of Singapore Authority）

附录3 空港代码

国际空港代码

中文名称	英文名称	代码
安克雷奇	ANCHORAGE	ANC
曼谷	BANGKOK	BKK
布里斯班	BRISBANE	BNE
孟买	MUMBAI	BOM

续 表

中文名称	英文名称	代码
布鲁塞尔	BRUSSELS	BRU
巴黎	PARIS	CDG
札幌	SAPPORO	CTS
德里	DELHI	DEL
登巴萨	DENPASAR	DPS
福岛	FUKUSHIMA	FKS
法兰克福	FRANKFURT	FRA
福冈	FUKUOKA	FUK
关岛	GUAM	GUM
广岛	HIROSHIMA	HIJ
夏威夷	HONOLULU	HNL
华盛顿	WASHINGTON	IAD
纽约	NEW YORK	JFK
新泻	NIIGATA	KIJ
大阪	OSAKA	KIX
宫崎	MIYAZAKI	KMI
熊本	KUMAMOTO	KMJ
小松	KOMATSU	KMQ
鹿儿岛	KAGOSHIMA	KOJ
吉隆坡	KUALA LUMPUR	KUL
洛杉矶	LOS ANGELES	LAX
伦敦	LONDON	LHR
马德里	MADRID	MAD
慕尼黑	MUNICH	MUC
松山	MATSUYAMA	MYJ
名古屋	NAGOYA	NGO
长崎	NAGASAKI	NGS

续 表

中文名称	英文名称	代码
东京成田	TOKYO	NRT
大分	OITA	OIT
冲绳	OKINAWA	OKA
冈山	OKAYAMA	OKJ
芝加哥	CHICAGO	ORD
釜山	PUSAN	PUS
仙台	SENDAI	SDJ
西雅图	SEATTLE	SEA
汉城	SEOUL	SEL
旧金山	SAN FRANCISC	SFO
新加坡	SINGAPORE	SIN
莫斯科	MOSCOW	SVO
悉尼	SYDNEY	SYD
富山	TOYAMA	TOY
台北	TAIPEI	TPE
维也纳	VIENNA	VIE
温哥华	VANCOUVER	YVR

国内空港代码

中文名称	英文名称	代码
包头	BAOTOU	BAV
广州	GUANGZHOU	CAN
郑州	ZHENGZHOU	CGO
长治	CHANGZHI	CIH
济州	CHEJU	CJU
重庆	CHONGQING	CKG

续 表

中文名称	英文名称	代码
长沙	CHANGSHA	CSX
成都	CHENGDU	CTU
大连	DALIAN	DLC
张家界	ZHANGJIAJIE	DYG
福州	FUZHOU	FOC
阜阳	FUYANG	FUG
海口	HAIKOU	HAK
合肥	HEFEI	HFE
杭州	HANGZHOU	HGH
香港	HONGKONG	HKG
哈尔滨	HARBIN	HRB
舟山	ZHOUSHAN	HSN
黄岩	HUANGYAN	HYN
景德镇	JINGDEZHEN	JDZ
晋江	JINJIANG	JJN
衢州	QUZHOU	JUZ
南昌	NANCHANG	KHN
昆明	KUNMING	KMG
贵阳	GUIYANG	KWE
桂林	GUILIN	KWL
兰州	LANZHOU	LHW
连云港	LIANYUNGANG	LYG
宁波	NINGBO	NGB
南京	NANJING	NKG
北京	BEIJING	PEK
上海浦东	SHANGHAI PUDONG	PVG
上海虹桥	SHANGHAI HONGQIAO	SHA

续 表

中文名称	英文名称	代码
沈阳	SHENYANG	SHE
西安西关	XI'ANXIGUAN	SIA
石家庄	SHIJIAZHUANG	SJW
汕头	SHANTOU	SWA
深圳	SHENZHEN	SZX
青岛	QINGDAO	TAO
济南	JINAN	TNA
天津	TIANJIN	TSN
黄山	HUANGSHAN	TXN
太原	TAIYUAN	TYN
乌鲁木齐	URUMQI	URC
温州	WENZHOU	WNZ
武汉	WUHAN	WUH
西安咸阳	XI'ANXIANYANG	XIY
厦门	XIAMEN	XMN
延吉	YANJI	YNJ
烟台	YANTAI	YNT
珠海	ZHUHAI	ZUH

附录4 UCP600

跟单信用证统一惯例（Uniform Customs and Practice for Documentary Credits，UCP），是国际银行界、律师界、学术界自觉遵守的“法律”，是全世界公认的、到目前为止最为成功的一套非官方规定。

第一条　UCP 的适用范围

《跟单信用证统一惯例——2007 年修订本，国际商会第 600 号出版物》（简称“UCP”）乃一套规则，适用于所有的其文本中明确表明受本惯例约束的跟单信用证（下称信用证）（在其可适用的范围内，包括备用信用证）。除非信用证明确修改或排除，本惯例各条文对信用证所有当事人均具有约束力。

第二条　定义

就本惯例而言：

通知行指应开证行的要求通知信用证的银行。

申请人指要求开立信用证的一方。

银行工作日指银行在其履行受本惯例约束的行为的地点通常开业的一天。

受益人指接受信用证并享受其利益的一方。

相符交单指与信用证条款、本惯例的相关适用条款以及国际标准银行实务一致的交单。

保兑指保兑行在开证行承诺之外做出的承付或议付相符交单的确定承诺。

保兑行指根据开证行的授权或要求对信用证加具保兑的银行。

信用证指一项不可撤销的安排，无论其名称或描述如何，该项安排构成开证行对相符交单予以交付的确定承诺。

承付指：

a. 如果信用证为即期付款信用证，则即期付款。

b. 如果信用证为延期付款信用证，则承诺延期付款并在承诺到期日付款。

c. 如果信用证为承兑信用证，则承兑受益人开出的汇票并在汇票到期日付款。

开证行指应申请人要求或者代表自己开出信用证的银行。

议付指指定银行在相符交单下，在其应获偿付的银行工作日当天或之前向受益人预付或者同意预付款项，从而购买汇票（其付款人为指定银行以外的其他银行）及/或单据的行为。

指定银行指信用证可在其处兑用的银行，如信用证可在任一银行兑用，则任何银行均为指定银行。

交单指向开证行或指定银行提交信用证项下单据的行为，或指按此方式提交的单据。

交单人指实施交单行为的受益人、银行或其他人。

第三条　解释

就本惯例而言：

如情形适用，单数词形包含复数含义，复数词形包含单数含义。

信用证是不可撤销的，即使未如此表明。

单据签字可用手签、摹样签字、穿孔签字、印戳、符号或任何其他机械或电子的证实方法为之。

诸如单据须履行法定手续、签证、证明等类似要求，可由单据上任何看似满足该要求的签字、标记、戳或标签来满足。

一家银行在不同国家的分支机构被视为不同的银行。

用诸如“第一流的”“著名的”“合格的”“独立的”“正式的”“有资格的”或“本地的”等词语描述单据的出单人时，允许除受益人之外的任何人出具该单据。

除非要求在单据中使用，否则诸如“迅速地”“立刻地”或“尽快地”等词语将不被理会。

“在或大概在”（on or about）或类似用语将被视为规定事件发生在指定日期的前后五个日历日之间，起讫日期计算在内。“至”（to）“直至”（until、till）“从……开始”（from）及“在……之间”（between）等词用于确定发运日期时包含提及的日期，使用“在……之前”（before）及“在……之后”（after）时则不包含提及的日期。

“从……开始”（from）及“在……之后”（after）等词用于确定到期日期时不包含提及的日期。

“前半月”及“后半月”分别指一个月的第一日到第十五日及第十六日到该月的最后一日，起讫日期计算在内。

一个月的“开始”（beginning）“中间”（middle）及“末尾”（end）分别指第一日到第十日、第十一日到第二十日及第二十一日到该月的最后一日，起讫日期计算在内。

第四条　信用证与合同

a. 就其性质而言，信用证与可能作为其开立基础的销售合同或其他合同是相互独立的交易，即使信用证中含有对此类合同的任何援引，银行也与该合同无关，且不受其约束。因此，银行关于承付、议付或履行信用证项下其他义务的承诺，不受申请人基于与开证行或与受益人之间的关系而产生的任何请求或抗辩的影响。

受益人在任何情况下不得利用银行之间或申请人与开证行之间的合同关系。

b. 开证行应劝阻申请人试图将基础合同、形式发票等文件作为信用证组成部分的做法。

第五条　单据与货物、服务或履约行为

银行处理的是单据，而不是单据可能涉及的货物、服务或履约行为。

第六条　兑用方式、截止日和交单地点

a. 信用证必须规定可在其处兑用的银行，或是否可在任一银行兑用。规定在指定银行兑用的信用证同时也可以在开证行兑用。

b. 信用证必须规定其是以即期付款、延期付款、承兑还是议付的方式兑用。

c. 信用证不得开成凭以申请人为付款人的汇票兑用。

d. 信用证必须定一个交单的截止日。规定的承付或议付的截止日将被视为交单的截止日。可在其处兑用信用证的银行所在地即为交单地点。可在任一银行兑用的信用证其交单地点为任一银行所在地。除规定的交单地点外，开证行所在地也是交单地点。

e. 除非如第二十九条（a）款规定的情形，否则受益人或者代表受益人的交单应截止当天或之前完成。

第七条　开证行责任

a. 只要规定的单据提交给指定银行或开证行，并且构成相符交单，则开证行必须承付，如果信用证为以下情形之一：

i. 信用证规定由开证行即期付款、延期付款或承兑；

ii. 信用证规定由指定银行即期付款但其未付款；

iii. 信用证规定由指定银行延期付款但其未承诺延期付款，或虽已承诺延期付款，但未在到期日付款；

iv. 信用证规定由指定银行承兑，但其未承兑以其为付款人的汇票，或虽然承兑了汇票，但未在到期日付款；

v. 信用证规定由指定银行议付但其未议付。

b. 开证行自开立信用证之时起即不可撤销地承担承付责任。

c. 指定银行承付或议付相符交单并将单据转给开证行之后，开证行即承担偿付该指定银行的责任。对承兑或延期付款信用证下相符交单金额的偿付应在到期日办理，无论指定银行是否在到期日之前预付或购买了单据，开证行偿付指定银行的责任独立于开证行对受益人的责任。

第八条　保兑行责任

a. 只要规定的单据提交给保兑行，或提交给其他任何指定银行，并且构成相符交单，保兑行必须：

i. 承付，如果信用证为以下情形之一：

a）信用证规定由保兑行即期付款、延期付款或承兑；

b）信用证规定由另一指定银行延期付款，但其未付款；

c）信用证规定由另一指定银行延期付款，但其未承诺延期付款，或虽已承诺延期付款但未在到期日付款；

d）信用证规定由另一指定银行承兑，但其未承兑以其为付款人的汇票，或虽已承兑汇票未在到期日付款；

e）信用证规定由另一指定银行议付，但其未议付。

ii. 无追索权的议付，如果信用证规定由保兑行议付：

b. 保兑行自对信用证加具保兑之时起即不可撤销地承担承付或议付的责任。

c. 其他指定银行承付或议付相符交单并将单据转往保兑行之后，保兑行即承担偿付该指定银行的责任。对承兑或延期付款信用证下相符交单金额的偿付应在到期日办理，无论指定银行是否在到期日之前预付或购买了单据。保兑行偿付指定银行的责任独立于保兑行对受益人的责任。

d. 如果开证行授权或要求一银行对信用证加具保兑，而其并不准备照办，则其必须毫不延误地通知开证行，并可通知此信用证而不加保兑。

第九条　信用证及其修改的通知

a. 信用证及其任何修改可以经由通知行通知给受益人。非保兑行的通知行通知信用及修改时不承担承付或议付的责任。

b. 通知行通知信用证或修改的行为表示其已确信信用证或修改的表面真实性，而且其通知准确地反映了其收到的信用证或修改的条款。

c. 通知行可以通过另一银行（“第二通知行”）向受益人通知信用证及修改。第二通知行通知信用证或修改的行为表明其已确信收到的通知的表面真实性，并且其通知准确地反映了收到的信用证或修改的条款。

d. 经由通知行或第二通知行通知信用证的银行必须经由同一银行通知其后的任何修改。

e. 如一银行被要求通知信用证或修改但其决定不予通知，则应毫不延误地告知自其处收到信用证、修改或通知的银行。

f. 如一银行被要求通知信用证或修改但其不能确信信用证、修改或通知的表面真实性，则应毫不延误地通知看似从其处收到指示的银行。如果通知行或第二通知行决定仍然通知信用证或修改，则应告知受益人或第二通知行其不能确信信用证、修改或通知的表面真实性。

第十条 修改

a. 除第三十八条另有规定外，未经开证行、保兑行（如有的话）及受益人同意，信用证既不得修改，也不得撤销。

b. 开证行自发出修改之时起，即不可撤销地受其约束。保兑行可将其保兑扩展至修改，并自通知该修改时，即不可撤销地受其约束。但是，保兑行可以选择将修改通知受益人而不对其加具保兑。若然如此，其必须毫不延误地将此告知开证行，并在其给受益人的通知中告知受益人。

c. 在受益人告知通知修改的银行其接受该修改之前，原信用证（或含有先前被接受的修改的信用证）的条款对受益人仍然有效。受益人应提供接受或拒绝修改的通知。如果受益人未能给予通知，当交单与信用证以及尚未表示接受的修改的要求一致时，即视为受益人已作出接受修改的通知，并且从此时起，该信用证被修改。

d. 通知修改的银行应将任何接受或拒绝的通知转告发出修改的银行。

e. 对同一修改的内容不允许部分接受，部分接受将被视为拒绝修改通知。

f. 修改中关于除非受益人在某一时间内拒绝修改否则修改生效的规定应不被理会。

第十一条 电讯传输的和预先通知的信用证和修改

a. 以经证实的电讯方式发出的信用证或信用证修改即被视为有效的信用证或修改文据，任何后续的邮寄确认书应不被理会。

如电讯声明“详情后告”（或类似用语）或声明以邮寄确认书为有效信用证或修改，则该电讯不被视为有效信用证或修改。开证行必须随即不迟延地开立有效信用证或修改，其条款不得与该电讯矛盾。

b. 开证行只有在准备开立有效信用证或作出有效修改时，才可以发出关于开立或修改信用证的初步通知（预先通知）。开证行作出该预先通知，即不可撤销地保证不迟延地开立或修改信用证，且其条款不能与预先通知相矛盾。

第十二条 指定

a. 除非指定银行为保兑行，对于承付或议付的授权并不赋予指定银行承付或议付的义务，除非该指定银行明确表示同意并且告知受益人。

b. 开证行指定一银行承兑汇票或做出延期付款承诺，即为授权该指定银行预付或购买其已承兑的汇票或已做出的延期付款承诺。

c. 非保兑行的指定银行收到或审核并转递单据的行为并不使其承担承付或议付的责任，也不构成其承付或议付的行为。

第十三条 银行之间的偿付安排

a. 如果信用证规定指定银行（“索偿行”）向另一方（“偿付行”）获取偿付时，必须同时规定该偿付是否按信用证开立时有效的 ICC 银行间偿付规则进行。

b. 如果信用证没有规定偿付遵守 ICC 银行间偿付规则，则按照以下规定：

i. 开证行必须给予偿付行有关偿付的授权，授权应符合信用证关于兑用方式的规定，且不应设定截止日；

ii. 开证行不应要求索偿行向偿付行提供与信用证条款相符的证明；

iii. 如果偿付行未按信用证条款见索即偿，开证行将承担利息损失以及产生的任何其他费用；

iv. 偿付行的费用应由开证行承担。然而，如果此项费用由受益人承担，开证行有责任在信用证及偿付授权中注明。如果偿付行的费用由受益人承担，该费用应在偿付时从付给索偿行的金额中扣取。如果偿付未发生，偿付行的费用仍由开证行负担。

c. 如果偿付行未能见索即偿，开证行不能免除偿付责任。

第十四条　单据审核标准

a. 按指定行事的指定银行、保兑行（如果有的话）及开证行须审核交单，并仅基于单据本身确定其是否在表面上构成相符交单。

b. 按指定行事的指定银行、保兑行（如有的话）及开证行各有从交单次日起至多五个银行工作日用以确定交单是否相符。这一期限不因在交单日当天或之后信用证截止日或最迟交单日截至而受到缩减或影响。

c. 如果单据中包含一份或多份受第十九、二十、二十一、二十二、二十三、二十四或二十五条规制的正本运输单据，则须由受益人或其代表在不迟于本惯例所指的发运日之后的21个日历日内交单，但是在任何情况下都不得迟于信用证的截止日。

d. 单据中的数据，在与信用证、单据本身以及国际标准银行实务参照解读时，无须与该单据本身中的数据、其他要求的单据或信用证中的数据等同一致，但不得矛盾。

e. 除商业发票外，其他单据中的货物、服务或履约行为的描述，如果有的话，可使用与信用证中的描述不矛盾的概括性用语。

f. 如果信用证要求提交运输单据、保险单据或者商业发票之外的单据，却未规定出单人或其数据内容，则只要提交的单据内容看似满足所要求单据的功能，且其他方面符合第十四条（d）款，银行即接受该单据。

g. 提交的非信用证所要求的单据将不被理会，并可被退还给交单人。

h. 如果信用证含有一项条件，但未规定用以表明该条件得到满足的单据，银行将视为未作规定并不予理会。

i. 单据日期可以早于信用证的开立日期，但不得晚于交单日期。

j. 当受益人和申请人的地址出现在任何规定的单据中时，无须与信用证或其他规定单据中所载相同，但必须与信用证中规定的相应地址同在一国。联络细节（传真、电话、电子邮件及类似细节）作为受益人和申请人地址的一部分时将不被理会。然而，如果申请人的地址和联络细节为第十九、二十、二十一、二十二、二十三、二十四或二十五条规定的运输单据上的收货人或通知方细节的一部分时，应与信用证规定的相同。

k. 在任何单据中注明的托运人或发货人无须为信用证的受益人。

l. 运输单据可以由任何人出具，无须为承运人、船东、船长或租船人，只要其符合第十九、二十、二十一、二十二、二十三或二十四条的要求。

第十五条　相符交单

a. 当开证行确定交单相符时，必须承付。

b. 当保兑行确定交单相符时，必须承付或者议付并将单据转递给开证行。

c. 当指定银行确定交单相符并承付或议付时，必须将单据转递给保兑行或开证行。

第十六条　不符单据、放弃及通知

a. 当按照指定行事的指定银行、保兑行（如有的话）或者开证行确定交单不符时，可以拒绝承付或议付。

b. 当开证行确定交单不符时，可以自行决定联系申请人放弃不符点。然而这并不能延长第十四条（b）款所指的期限。

c. 当按照指定行事的指定银行、保兑行（如有的话）或开证行决定拒绝承付或议付时，必须给予交单人一份单独的拒付通知。

该通知必须声明：

i. 银行拒绝承付或议付，及

ii. 银行拒绝承付或者议付所依据的每一个不符点，及

iii. a）银行留存单据听候交单人的进一步指示，或者

b）开证行留存单据直到其从申请人处接到放弃不符点的通知并同意接受该放弃，或者其同意接受对不符点的放弃之前从交单人处收到其进一步指示，或者

c）银行将退回单据，或者

d）银行将按之前从交单人处获得的指示处理。

d. 第十六条（c）款要求的通知必须以电讯方式，如不可能，则以其他快捷方式，在不迟于自交单之翌日起第五个银行工作日结束前发出。

e. 按照指定行事的指定银行、保兑行（如有的话）或开证行在按照第十六条 c 款 iii 项 a）发出了通知后，可以在任何时候将单据退还交单人。

f. 如果开证行或保兑行未能按照本条行事，则无权宣称交单不符。

g. 当开证行拒绝承付或保兑行拒绝承付或者议付，并且按照本条发出了拒付通知后，有权要求返还已偿付的款项及利息。

第十七条 正本单据及副本

a. 信用证规定的每一种单据须至少提交一份正本。

b. 银行应将任何带有看似出单人的原始签名、标记、印戳或标签的单据视为正本单据，除非单据本身表明其非正本。

c. 除非单据本身另有说明，在以下情况下，银行也将其视为正本单据：

i. 单据看似由出单人手写、打字、穿孔或盖章，或者

ii. 单据看似使用出单人的原始信纸出具，或者

iii. 单据声明其为正本单据，除非该声明看似不适用于提交的单据。

d. 如果信用证使用诸如“一式两份（in duplicate）”“两份（in two fold）”“两套（in two copies）”等用语要求提交多份单据，则提交至少一份正本，其余使用副本即可满足要求，除非单据本身另有说明。

第十八条　商业发票

a. 商业发票：

i. 必须看似由受益人出具（第三十八条规定的情形除外）；

ii. 必须出具成以申请人为抬头（第三十八条（g）款规定的情形除外）；

iii. 必须与信用证的货币相同，且

iv. 无须签名。

b. 按指定行事的指定银行、保兑行（如有的话）或开证行可以接受金额大于信用证允许金额的商业发票，其决定对有关各方均有约束力，只要该银行对超过信用证允许金额的部分未作承付或者议付。

c. 商业发票上的货物、服务或履约行为的描述应该与信用证中的描述一致。

第十九条　涵盖至少两种不同运输方式的运输单据

a. 涵盖至少两种不同运输方式的运输单据（多式或联合运输单据），无论名称如何，必须看似：

i. 表明承运人名称并由以下人员签署：

* 承运人或其具名代理人，或

* 船长或其具名代理人。

承运人、船长或代理人的任何签字，必须标明其承运人、船长或代理人的身份。代理人签字必须标明其系代表承运人还是船长签字。

ii. 通过以下方式表明货运站物已经在信用证规定的地点发送、接管或已装船。

* 事先印就的文字，或者

* 表明货物已经被发送、接管或装船日期的印戳或批注。

运输单据的出具日期将被视为发送、接管或装船的日期，也即发运的日期。然而如单据以印戳或批注的方式表明了发送、接管或装船日期，该日期将被视为发运日期。

iii. 表明信用证规定的发送、接管或发运地点，以及最终目的地、即使：

a）该运输单据还另外载明了一个不同的发送、接管或发运地点或最终目的地，或者

b）该运输单据载有“预期的”或类似的关于船只、装货港或卸货港的限定语。

iv. 为唯一的正本运输单据，或者，如果出具为多份正本，则为运输单据中表明的全套单据。

v. 载有承运条款和条件，或提示承运条款和条件参见别处（简式/背面空白的运输单据）。银行将不审核承运条款和条件的内容。

vi. 未表明受租船合同约束。

b. 就本条而言，转运指在从信用证规定的发送、接管或者发运地点最终目的地的运输过程中从某一运输工具上卸下货物并装上另一运输工具的行为（无论其是否为不同的运输方式）。

c. i. 运输单据可以表明货物将要或可能被转运，只要全程运输由同一运输单据涵盖。

ii. 即使信用证禁止转运，注明将要或者可能发生转运的运输单据仍可接受。

第二十条　提单

a. 提单，无论名称如何，必须看似：

i. 表明承运人名称，并由下列人员签署：

* 承运人或其具名代理人，或者

* 船长或其具名代理人。

承运人，船长或代理人的任何签字必须标明其承运人、船长或代理人的身份。

代理人的任何签字必须标明其系代表承运人还是船长签字。

ii. 通过以下方式表明货物已在信用证规定的装货港装上具名船只：

* 预先印就的文字，或者

* 已装船批注注明货物的装运日期。

提单的出具日期将被视为发运日期，除非提单载有标明发运日期的已装船批注，此时已装船批注中显示的日期将被视为发运日期。

如果提单载有“预期船只”或类似的关于船名的限定语，则需以已装船批注明确发运日期以及实际船名。

iii. 表明货物从信用证规定的装货港发运至卸货港。

如果提单没有表明信用证规定的装货港为装货港，或者其载有“预期的”或类似的关于装货港的限定语，则需以已装船批注表明信用证规定的装货港、发运日期以及实际船名。即使提单以事先印就的文字表明了货物已装载或装运于具名船只，本规定仍适用。

iv. 为唯一的正本提单，或如果以多份正本出具，为提单中表明的全套正本。

v. 载有承运条款和条件，或提示承运条款和条件参见别处（简式/背面空白的提单）。银行将不审核承运条款和条件的内容。

vi. 未表明受租船合同约束。

b. 就本条而言，转运系指在信用证规定的装货港到卸货港之间的运输过程中，将货物从船卸下并再装上另一船的行为。

c. i. 提单可以表明货物将要或可能被转运，只要全程运输由同一提单涵盖。

ii. 即使信用证禁止转运，注明将要或可能发生转运的提单仍可接受，只要其表明货物由集装箱、拖车或子船运输。

d. 提单中声明承运人保留转运权利的条款将不被理会。

第二十一条 不可转让的海运单

a. 不可转让的海运单，无论名称如何，必须看似：

i. 表明承运人名称并由下列人员签署：

＊承运人或其具名代理人，或者

＊船长或其具名代理人。

承运人、船长或代理人的任何签字必须标明其承运人、船长或代理人的身份。

代理签字必须标明其系代表承运人还是船长签字。

ii. 通过以下方式表明货物已在信用证规定的装货港上具名船只：

＊预先印就的文字，或者

＊已装船批注表明货物的装运日期。

不可转让海运单的出具日期将被视为发运日期，除非其上带有已装船批注注明发运日期，此时已装船批注注明的日期将被视为发运日期。

如果不可转让海运单载有“预期船只”或类似的关于船名的限定语，则需要以已装船批注表明发运日期和实际船只。

iii. 表明货物从信用证规定的装货港发运至卸货港。

如果不可转让海运单未以信用证规定的装货港为装货港，或者如果其载有“预期的”或类似的关于装货港的限定语，则需要以已装船批注表明信用证规定的装货港、发运日期和船只。即使不可转让海运单以预先印就的文字表明货物已由具名船只装载或装运，本规定也适用。

iv. 为唯一的正本不可转让海运单，或如果以多份正本出具，为海运单上注明的全套正本。

v. 载有承运条款的条件，或提示承运条款和条件参见别处（简式/背面空白的海运单）。银行将不审核承运条款和条件的内容。

vi. 未注明受租船合同约束。

b. 就本条而言，转运系指在信用证规定的装货港到卸货之间的运输过程中，将货物从船卸下并装上另一船的行为。

c. i. 不可转让海运单可以注明货物将要或可能被转运，只要全程运输由同一海运单涵盖。

ii. 即使信用证禁止转运，注明转运将要或可能发生的不可转让的海运单仍可接受，只要其表明货物装于集装箱、拖船或子船中运输。

d. 不可转让的海运单中声明承运人保留转运权利条款将被不予理会。

第二十二条　租船合同提单

a. 表明其受租船合同约束的提单（租船合同提单），无论名称如何，必须看似：

i. 表明承运人名称，并由以下人员签署：

＊船长或其具名代理人，或

＊船东或其具名代理人，或

＊租船人或其具名代理人。

船长、船东、租船人或代理人的任何签字必须标明其船长、船东、租船人或代理人的身份。

代理人签字必须标明其系代表船长，船东不是租船人签字。

代理人代表船东或租船人签字时必须注明船东或租船人的名称。

ii. 通过以下方式表明货物已在信用证规定的装货港装上具名船只：

＊预先印就的文字，或者

＊已装船批注注明货物的装运日期。

租船合同提单的出具日期将被视为发运日期，除非租船合同提单载有已装船批注注明发运日期，此时已装船批注上注明的日期将被视为发运日期。

iii. 表明货物从信用证规定的装货港发运至卸货港。卸货港也可显示为信用证规定的港口范围或地理区域。

iv. 为唯一的正本租船合同提单，或如以多份正本出具，为租船合同提单注明的全套正本。

b. 银行将不审核租船合同，即使信用证要求提交租船合同。

第二十三条 空运单据

a. 空运单据，无论名称如何，必须看似：

i. 表明承运人名称，并由以下人员签署：

＊承运人，或者

＊承运人的具名代理人。

承运人或其代理人的任何签字必须标明其承运人或代理人的身份。

代理人签字必须表明其系代表承运人签字。

ii. 表明货物已被收妥待运。

iii. 表明出具日期。该日期将被视为发运日期，除非空运单据载有专门批注注明实际发运日期，此时批注中的日期将被视为发运日期。

空运单据中其他与航班号和航班日期相关的信息将不被用来确定发运日期。

iv. 表明信用证规定的起飞机场和目的地机场。

v. 为开给发货人或托运人正本，即使信用证规定提交全套正本。

vi. 载有承运条款和条件，或提示条款和条件参见别处。银行将不审核承运条款和条件的内容。

b. 就本条而言，转运是指在信用证规定的起飞机场到目的地机场的运输过程中，将货物从一飞机卸下再装上另一飞机的行为。

c. i. 空运单据可以注明货物将要或可能转运，只要全程运输由同一空运单据涵盖。

ii. 即使信用证禁止转运，注明将要或可能发生转运的空运单据仍可接受。

第二十四条 公路、铁路或内陆水运单据

a. 公路、铁路或内陆水运单据，无论名称如何，必须看似：

i. 表明承运人名称，并由以下人员签署：

* 由承运人或其具名代理人签署，或者

* 由承运人或其具名代理人以签字、印戳或批注表明货物收讫。

承运人或其具名代理人的收货签字、印戳或批注必须标明其承运人或代理人的身份。

代理人的收货签字、印戳或批注必须标明代理人系代理承运人签字或行事。

如果铁路运输单据没有指明承运人，可以接受铁路运输公司的任何签字或印戳作为承运人签署单据的证据。

ii. 表明货物的信用规定地点的发运日期，或者收讫待运或待发送的日期。运输单据的出具日期将被视为发运日期，除非运输单据上盖有带日期的收货印戳，或注明了收货日期或发运日期。

iii. 表明信用证规定的发运地及目的地。

b. i. 公路运输单据必须看似为开给发货人或托运人的正本，或没有任何标记表明单据开给何人。

ii. 注明“第二联”的铁路运输单据将被作为正本接受。

iii. 无论是否注明正本字样，铁路或内陆水运单据都被作为正本接受。

c. 如运输单据上未注明出具的正本数量，提交的份数即被视为全套正本。

d. 就本条而言，转运是指在信用证规定的发运、发送或运送的地点到目的地之间的运输过程中，在同一运输方式中从一运输工具卸下再装上另一运输工具的行为。

e. i. 只要全程运输由同一运输单据涵盖公路、铁路或内陆水运单据即可注明货物将要或可能被转运。

ii. 即使信用证禁止转运，注明将要或可能发生转运的公路、铁路或内陆水运单据仍可接受。

第二十五条　快递收据、邮政收据或投邮证明

a. 证明货物收讫待运的快递收据，无论名称如何，必须看似：

i. 表明快递机构的名称，并在信用证规定的货物发运地点由该具名快递机构盖章或签字，并且

ii. 表明取件或收件的日期或类似词语，该日期将被视为发运日期。

b. 如果要求显示快递费用付讫或预付，快递机构出具的表明快递费由收货人以外的一方支付的运输单据可以满足该项要求。

c. 证明货物收讫待运的邮政收据或投邮证明，无论名称如何，必须看似在信用证规定的货物发运地点盖章或签署并注明日期。该日期将被视为发运日期。

第二十六条　“货装舱面”“托运人装载和计数”“内容据托运人报称”及运费之外的费用

a. 运输单据不得表明货物装于舱面。声明可能被装于舱面的运输单据条款可以接受。

b. 载有诸如“托运人装载和计数”或“内容据托运人报称”条款的运输单据可以接受。

c. 运输单据上可以有印戳或其他方法提及运费之外的费用。

第二十七条　清洁运输单据

银行只接受清洁运输单据，清洁运输单据指未载有明确宣称货物或包装有缺陷的条款或批注的运输单据。“清洁”一词并不需要在运输单据上出现，即使信用证要求运输单据为“清洁已装船”的。

第二十八条　保险单据及保险范围

a. 保险单据，例如保险单或预约保险项下的保险证明书或者声明书，必须看似由保险公司或承保人或其代理人或代表出具并签署。

b. 如果保险单据表明其以多份正本出具，所有正本均须提交。

c. 保单将暂不被接受。

d. 可以接受保险单代预约保险项下的保险证明书或声明书。

e. 保险单据日期不得晚于发运日期，除非保险单据表明保险责任不迟于发运日生效。

f. i. 保险单据必须表明投保金额并以与信用证相同的货币表示。

ii. 信用证对于投保金额为货特价值，发票金额或类似金额的某一比例的要求，将被视为对最低保额的要求。

如果信用证对投保金额未做规定，投保金额或类似金额的某一比例的要求，将被视为对最低保额的要求。

如果信用证对投保金额未做规定，投保金额须至少为货物的 CIF 或 CIP 价格的 110% 。如果从单据中不能确定 CIF 或者 CIP 价格，投保金额必须基于要求承付或议付的金额，或者基于发票上显示的货物总值来计算，两者之中取金额较高者。

iii. 保险单据须表明承保的风险区间至少涵盖从信用证规定的货物接管地或发运地开始到卸货地或最终目的地为止。

g. 信用证应规定所需投保的险别及附加险（如有的话）。如果信用证使用诸如“通常风险”或“惯常风险”等含义不确切的用语，则无论是否有漏保之风险，保险单据将被照样接受。

h. 当信用证规定投保“一切险”时，如保险单据载有任何“一切险”批注或条款，无论是否有“一切险”标题，均将被接受，即使其声明任何风险除外。

i. 保险单据可以援引任何除外条款。

j. 保险单据可以注明受免赔率或免赔额（减除限额）约束。

第二十九条 截止日或最迟交单日的顺延

a. 如果信用证的截止日或最迟交单日适逢接受交单的银行非因第三十六条所述原因而歇业，则截止日或最迟交单日，将顺延至其重新开业的第一个银行工作日。

b. 如果在顺延后的第一个银行工作日交单，指定银行必须在其致开证行或保兑行的面函中声明交单是在根据第二十九条（a）款顺延的期限内提交的。

c. 最迟发运日不因第二十九条（a）款规定的原因而顺延。

第三十条 信用证金额、数量与单价的伸缩度

a. “约”或“大约”用于信用证金额或信用证规定的数量或单价时，应解释为允许有关金额或数量或单价有不超过 10% 的增减幅度。

b. 在信用证未以包装单位件数或货物自身件数的方式规定货物数量时，货物数量允许有 5% 的增减幅度，只要总支取金额不超过信用证金额。

c. 如果信用证规定了货物数量，而该数量已全部发运及如果信用证规定了单价，而该单价又未降低，或当第三十条（b）款不适用时，则即使不允许部分装运，也允许支取的金额有 5% 的减幅。若信用证规定有特定的增减幅度或使用第三十条（a）款提到的用语限定数量，则该减幅不适用。

第三十一条 部分支款或部分发运

a. 允许部分支款或部分发运。

b. 表明使用同一运输工具并经由同次航程运输的数套运输单据在同一次提交时，只要显示相同目的地，将不被视为部分发运，即使运输单据上表明的发运日期不同或装货港、接管地或发运地点不同。如果交单由数套运输单据构成，其中最晚的一个发运日将被视为发运日。含有一套或数套运输单据的交单，如果表明在同一种运输方式下经由数件运输工具运输，即使运输工具在同一天出发运往同一目的地，仍将被视为部分发运。

c. 含有一份以上快递收据，邮政收据或投邮证明的交单，如果单据看似由同一快递或邮政机构在同一地点和日期加盖印戳或签字并且表明同一目的地，将不被视为部分发运。

第三十二条　分期支款或分期发运

如信用证规定在指定的时间段内分期支款或分期发运，任何一期未按信用证规定期限支取或发运时，信用证对该期及以后各期均告失效。

第三十三条　交单时间

银行在其营业时间外无接收交单的义务。

第三十四条　关于单据有效性的免责

银行对任何单据的形式，充分性、准确性、内容真实性、虚假性或法律效力，或对单据中规定或添加的一般或特殊条件，概不负责；银行对任何单据所代表的货物，服务或其他履约行为的描述、数量、重量、品质、状况、包装、交付、价值或其存在与否，或对发货人、承运人、货运代理人、收货人、货物的保险人或其他任何人的诚信与否、作为或不作为，清偿能力、履约或资信状况，也概不负责。

第三十五条　关于信息传递和翻译的免责

当报文、信件或单据按照信用证的要求传输或发送时，或当信用证未作指示，银行自行选择传送服务时，银行对报文传输或信件或单据的递送过程中发生的延误、中途遗失、残缺或其他错误产生的后果，概不负责。

如果指定银行确定交单相符并将单据发往开证行或保兑行，无论指定银行是否已经承付或议付，开证行或保兑行必须承付或议付，或偿付指定银行，即使单据在指定银行送往开证行或保兑行的途中，或保兑行送往开证行的途中丢失。

银行对技术语的翻译或解释上的错误，不负责任，并可不加翻译地传送信用证条款。

第三十六条　不可抗力

银行对由于天灾、暴动、骚乱、叛乱、战争、恐怖主义行为或任何罢工、停工或其无法控制的任何其他原因导致的营业中断的后果，概不负责。

银行恢复营业时，对于在营业中断期间已逾期的信用证，不再进行承付或议付。

第三十七条 关于被指示方行为的免责

a. 为了执行申请人的指示，银行利用其他银行的服务，其费用和风险由申请人承担。

b. 即使银行自行选择了其他银行，如果发出的指示未被执行，开证行或通知行对此亦不负责。

c. 指示另一银行提供服务的银行有责任负担被指示方因执行指示而发生的任何佣金、手续费、成本或开支（“费用”）。

如果信用证规定费用由受益人负担，而该费用未能收取或从信用证款项中扣除，开证行依然承担支付此费用的责任。

信用证或其修改不应规定向受益人的通知以通知行或第二通知行收到其费用为条件。

d. 外国法律和惯例加诸银行的一切义务和责任，申请人应受其约束，并就此对银行负补偿之责。

第三十八条 可转让信用证

a. 银行无办理信用证转让的义务，除非其明确同意。

b. 就本条而言：

可转让信用证系指特别注明“可转让（transferable）”字样的信用证。可转让信用证可应受益人（第一受益人）的要求转为全部或部分由另一受益人（第二受益人）兑用。

转让行系指办理信用证转让的指定银行，或当信用证规定可在任何银行兑用时，指开证行特别如此授权并实际办理转让的银行。开证行也可担任转让行。

已转让信用证指已由转让行转为可由第二受益人兑用的信用证。

c. 除非转让时另有约定，有关转让的所有费用（诸如佣金、手续费、成本或开支）须由第一受益人支付。

d. 只要信用证允许部分支款或部分发运，信用证可以分部分转让给数名第二受益人。已转让信用证不得应第二受益人的要求转让给任何其后受益人。第一受益人不视为其后受益人。

e. 任何转让要求须说明是否允许及在何条件下允许将修改通知第二受益人。已转让信用证须明确说明该项条件。

f. 如果信用证转让给数名第二受益人，其中一名或多名第二受益人对信用证修改并不影响其他第二受益人接受修改。对接受者而言该已转让信用证即被相应修改，而对拒绝修改的第二受益人而言，该信用证未被修改。

g. 已转让信用证须准确转载原证条款，包括保兑（如果有的话），但下列项目除外：

* 信用证金额，
* 规定的任何单价，
* 截止日，
* 交单期限，或
* 最迟发运日或发运期间。

以上任何一项或全部均可减少或缩短。

必须投保的保险比例可以增加，以达到原信用证或本惯例规定的保险金额。

可用第一受益人的名称替换原证中的开证申请人名称。

如果原证特别要求开证申请人名称应在除发票以外的任何单据出现时，已转让信用证必须反映该项要求。

h. 第一受益人有权以自己的发票和汇票（如有的话）替换第二受益人的发票和汇票，其金额不得超过原信用证的金额。经过替换后，第一受益人可在原信用证项下支取自己发票与第二受益人发票间的差价（如有的话）。

i. 如果第一受益人应提交其自己的发票和汇票（如有的话），但未能在第一次要求时照办，或第一受益人提交的发票导致了第二受益人的交单中本不存在的不符点，而其未能在第一次要求时修正，转让行有权将从第二受益人处收到的单据照交开证行，并不再对第一受益人承担责任。

j. 在要求转让时，第一受益人可以要求在信用证转让后的兑用地点，原信用证的截止日之前（包括截止日），对第二受益人承付或议付。该规定并不得损害第一受益人在第三十八条（h）款下的权利。

k. 第二受益人或代表第二受益人的交单必须交给转让行。

第三十九条 款项让渡

信用证未注明可转让，并不影响受益人根据所适用的法律规定，将该信用证项下其可能有权或可能将成为有权获得的款项让渡给他人的权利。本条只涉及款项的让渡，而不涉及在信用证项下进行履约行为的权利让渡。